ブルックリンの調停者

レビン久子 著

信山社

To Late Edward Levin

Kindest, Funniest and Most Loved

はじめに

私たちが職業を選ぶとき、その理由は、高邁《こうまい》な理想より、入社試験に受かったからといった単純な動機によることがほとんどでしょう。私の場合も同様で、私がボランティアで調停を行うようになったのも、面接試験に受かったからでした。しかし調停者になったのは偶然の結果でも、調停の勉強を始めたのは偶然ではないのです。それを勉強してみようと心に決めたのは、今から1年半ほど前、主人の一周忌が済んでから数カ月たったころだったと思います。

労働仲裁と調停の専門家だった主人は、亡くなる前、ひとつの「プロジェクト」を手掛けたばかりでした。そのプロジェクトとは、日本にアメリカの調停や仲裁の良さを広めるという計画でした。

そのころ、日本とアメリカの関係は〝ジャパン・バッシング〟なる言葉がはやるほど悪くなっており、主人は日本に対する批判的な新聞記事を読むにつけ、日本人とアメリカ人の誤解を解くため、民間のレベルで自分が貢献できるのではないかと思いついたのです。

主人が生きている間は、正直なところ彼の計画に対して私はそれほど乗り気ではありませんでした。やりたいのならお手伝いくらいはするけれど、といった程度だったのです。ところが彼がいなくなってから、彼の著書を読み始めて、彼のやろうとしていたことの重要さを痛感しました。そして、どうしたらそのプロジェクトを続けられるのかと、その方法を模索し始めたのです。

人に何かを伝えるためには、それについて十分な知識がなくてはなりません。私の勉強が始まりました。家には彼が集めた文献が山のようにありましたし、米国仲裁協会にお願いして、協会の図書館を自由に使えるようにしてもらいました。働いていた国連から長期の休暇を取り、あちこちのセミナーやトレーニングにも参加するようになったのです。

振り返ってみると、私のそうした行動の裏には、彼がやっていたことや、これからやろうとしていたことを詳しく知りたい、彼の立派な計画を真剣に手伝わなくて悪かった、という気持ちがあったような気がします。無意識にも彼がやろうとしたことを続けることによって、彼を身近に感じたかったのかもしれません。理由はともあれ、勉強を始めた当初は、まさか自分自身がこれから調停者になろうとは考えてもいなかったのです。

ところが、ブルックリンの調停センターで受けた養成トレーニングを境に、私の中に変化が起こり始めました。調停についての勉強が進むにつれ、人間関係を何よりも大切にしている調停の考え方に共感し、また調停哲学を日々実践している調停者の方々にも深く魅了されたのです。自己主張より人の和に心を砕く調停者の姿勢は、一見現代アメリカの風潮に逆行しているようにも思えます。しかしそれだからこそ、調停はこれからの社会になくてはならないものだという確信が、私の心に生まれたのです。

こうした調停の良さを理解していただくために、本書では私が実際に行った調停のケースや友人から聞いた事件を例証として紹介しました。同時に現代アメリカでなぜ、この調停という古めかしい方法が利用され始めたのかについて、私なりの意見も述べてみました。

目次

VII 調停のテクニックとは？ 109

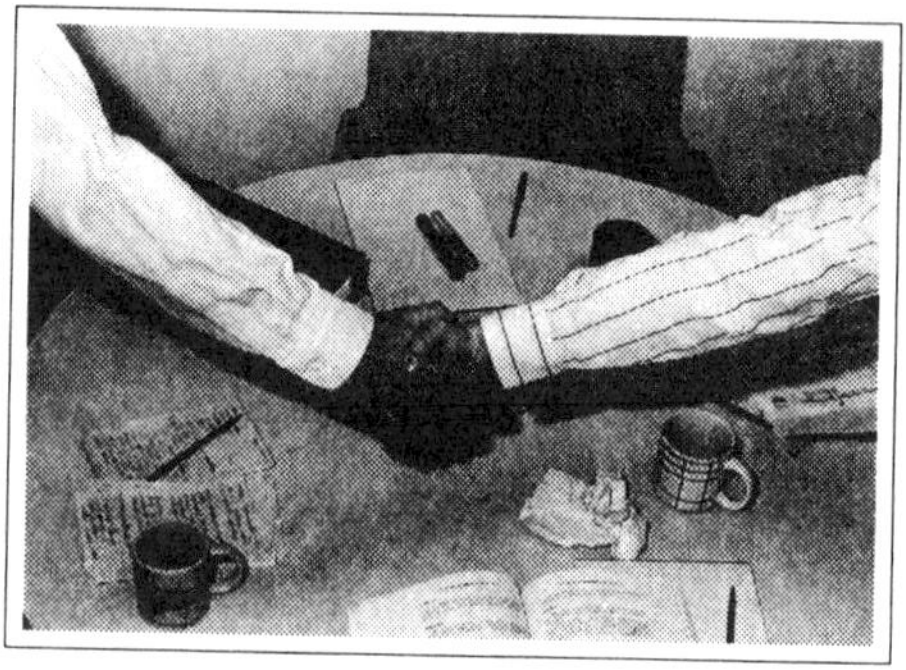

訴訟を奨励するのは褒められることではない。
できるなら和解するよう人々を説得すべきだ。
裁判はたとえ勝っても、
お金と時間の浪費になることを説明しなさい。

アブラハム・リンカーン（1850）

I

調停するってどういうことですか？

ブルックリン調停センター

私がボランティアの調停者として週1回通うニューヨーク州立調停センターは、マンハッタンから地下鉄でイーストリバーを渡った、川向こうのブルックリン地区にあります。

調停センターは、月曜日から水曜日までは昼間働いている人の便宜を図って、午後1時から8時までがオフィス時間です。木曜日は午前10時から午後5時まで、金曜日は午後1時から5時までとなっていますが、毎日最後の調停が終わるまで開いています。

私は木曜日が担当で、私のほかに8人のボランティア調停者がいます。全員がそろうことはまずなく、集まるのは5～6人程度です。普通は調停者がひとりで1日1ケースを担当しますが、ごくまれに2ケース調停しなければならない日もあります。私はこれまでの最高として1日4ケースをこなしたことがあり、その日は昼食どころか、朝から午後4時まで1分も休む暇がありませんでした。

木曜日を基準に毎日の調停数を計算すると、ブルックリンの調停センターだけで1日に最低5ケースは調停されていることになります。しかし、調停はブルックリンだけで行われているわけではありません。全米にある公立の調停センターで扱われるケース、個人で働いている調停者がまとめるケースなどを合わせると、アメリカでは膨大な数の争い事が、日々、裁判を経ずに解決されていることになります。

ニューヨーク州は1981年に、最初の州立の調停センターを州都アルバニーに発足させましたが、それはフロリダに次いで州としては全米で2番目の試みでした。13年後の現在では、州内のすべての市と郡に州立の調停センターが置かれています。設立当初センターで扱うトラブルは、家庭内や隣人同士の不和、それに軽犯罪などの比較的小さなケースに限られていましたが、1986年にその活動範囲が拡大され、暴力犯罪も扱うようになりました。

92年の実績によると、州内各地の調停センターが扱ったケースの総数は前年より4・2%増えて2万3684件、和解率は85%、和解までの必要日数は平均14日で、合計すると1336人の調停者が62のセンターでボランティアとして働いたということになります。

アメリカ人には調停が必要

私たち調停者はブルックリンのセンターに着くと、待合室で担当するケースの書類を渡されます。それを受け取って、年齢、性別、人種に目を通し、当事者同士の関係やトラブルの原因をチェックします。そして当事者たちが待つ待合室へ行って名前を呼びます。

待合室は日本の小学校の教室をふたつ合わせたほどの広さですが、それでも朝10時ごろになると、調停を受ける人々や家族、友人などでいっぱいになります。自分のケースの番がくるのをじっと待つ人々を眺めるにつけ、アメリカ人というのは何と負けず嫌いの国民なのだろうか、という思いを新たにさせられます。

アメリカ人、特に東部のアメリカ人は頑固なことで有名です。妥協を嫌い自分の主張だけを通そうとするので、一度揉め事が起きるとなかなか収まりません。お互いに意地を張って言い合っているうちに喧嘩《けんか》は雪だるま式に膨れ上がり、ついには出るところへ出ようということになってしまうのです。

かつてセンターでは、ガレージの前の共同車道の使用をめぐって、12年間喧嘩を続けていた2組の家族を和解させたことがありました。その2軒の家の持ち主は、裁判所で殴り合いまでやったのです。

また、裁判所が苦情受け付けの窓口になっているため、ブルックリンの調停センターが取り扱うケースのほとんどは裁判所から送られてきます。すでに訴えられている事件の中から、裁判で黒白《こくびゃく》をつけるより調停で和解を試みるほうが望ましい、と裁判所が判断したケースをセンターに回してくることもあります。それ以外は警察から直接送られてきますが、それはいさかいの当事者が警察に届け出たら警察が調停を勧めたというケースです。

事件の内容は、アパートの住人と大家との間の家賃や建物の整備をめぐるトラブル、恋愛のこじれ、個人経営者と社員のいさかい、隣人同士あるいは家族や友人との間の喧嘩などで、中には暴力ざたになったものまであります。

ブルックリンという土地柄、また調停費用が無料という事実から、センターで扱うケースの多くが、アメリカの労働者階級が巻き起こすトラブルです。言い争いの原因も、日本人の私から見ると、ちょっと信じ難いほどささいなことが多いようです。

調停を始めた当初は、なぜこれほど取るに足りないトラブルが当事者同士で解決できず、警察や裁判所といった公の機関を煩わせなければならないのか、これこそ税金の無駄遣いではないか、とよく考えさせられたものでした。でも調停をやっているうちに、「やはり調停は必要だ」と実感するようになってきました。

家賃が先か修理が先か

ブルックリンがどういう所か分かっていただくために、ひとつの例をあげてみましょう。

ここで紹介するアパートの家賃の滞納をめぐって争っている管理人と住人のケースは、ブルックリンという土地柄と、アメリカ人がいかに意地っ張りであるかを如実に物語っています。

管理人は白人男性、一方の住人は妊娠中の黒人女性。そもそも事の起こりはトイレの水漏れでした。妊婦は水漏れを直さない限り家賃を払うつもりはないと主張して、実際に3カ月も支払っていません。その間、管理人は何もしなかったわけではなく、修理をするためにビルと契約している管理会社から修理人を送ったにもかかわらず、妊婦は彼を家に入れなかったのです。

2人の言い分を聴いている調停者の私には、トイレの水漏れはほんの口実で、喧嘩の本当の原因はもっと別のところにあるような気がしてきたのです。2人を和解させるためには、まず本当の原因が何なのかを探り出すことが必要でした。

妊婦が修理人を入れなかったのは、水洗トイレを直す免許を持っていなかったからです。「賃貸契約書には、トイレは免許を持っている専門の配管工が直すこと、とはっきり書かれている」と言い張って譲りません。しかし管理人には、家賃滞納の言い訳にしか聞こえず、妊婦がアパートの設備に文句をつけ、家賃逃れを企てていると疑っていました。それというのも管理人は、妊婦の一家が生活保護を受け、毎日ブラブラしながら暮らしているのが、どうも気に入らないようです。

この管理人の批判的見方は妊婦にも容易に察せられたのでしょう。ブラブラしているといっても彼女は妊娠しているし、夫は失業中です。妊婦は「自分たち一家は貧しいうえにキリスト教徒ではないので、キリスト教徒で白人の管理人から嫌われている。管理人の冷たい態度は人種差別以外の何ものでもない」と確信していました。

かなり以前から管理人と妊婦との間には、お互いの家族も巻き込んで緊張が続いていました。つまりトラブルの本当の原因は両者の不信感、水漏れはその道具に使われていたに過ぎないのです。

ニューヨーク市では貧しい家庭への生活援助は、現金ではなく家賃補助や食料クーポンなどで支給されます。現金で支給されると、それが何か他のもの、例えば酒類やドラッグを買うために使われてしまうという心配があるからです。家賃援助の場合でも、借家人が同意すれば、大家が市から直接受け取ることができます。

妊婦の家でも、家賃の半分が援助として、市からビルの管理会社に直接送られていました。ところが彼女は水漏れの苦情を市に訴え、管理会社への支払いを止めさせてしまったのです。もちろん彼女が負担すべき半分も支払っていません。管理人にしてみれば、家賃は支払われないうえに、ビルの管理会社が送った修理人は追い返されたのですから、これではたまらないといった気持ちになるのも責められないことです。

苛立った管理人は妊婦の顔を見ればしつこく家賃を催促し、それでも埒《らち》があかないと分かってからは、彼女に面と向かって悪態をつくようになったのです。

妊婦と管理人との間で小さな嫌がらせのやりとりが幾日となく続いたある日、口論の末にかっとなった管理人は、彼女の部屋のドアに向かって持っていた新聞を投げつけました。それをドアの穴から見ていた妊婦の一家は、「次に彼は、自分たちに対して、実際に暴力をふるうかもしれない。妊娠している大切な身体《からだ》に何かあっては大変」と、警察の保護を願い出たという次第です。そして、このケースは警察から私の働く調停センターに回されてきました。

考えてみれば、妊婦は水漏れが直れば家賃を払うと言い、管理人は直すから払えと、2人は同じことを主張しているのです。でも興奮している2人にはそれが見えません。それどころか、やれ人種差別だ、警察の保護だといたずらに大げさな言葉を使って、事態をどんどん悪化させているのです。調停の席で妊婦は、今日こそ積もりに積もった恨みを全部晴らしてやると言わんばかりにしゃべり続けます。管理人の横暴さと流産の不安を訴えるときなど、目に涙さえ浮かべながら。

一方管理人はといえば、何もしゃべらずそっぽを向いて、妊婦の非難にじっと耐えています。身ぶり手ぶりを交えてしゃべりまくっている妊婦より、静かな分だけ管理人の怒りのほうが強いのだと感じました。それは、妊婦の言葉のひとつひとつに彼の表情が変わっていることからも察せられます。

ひとまず妊婦に言いたいだけ言わせようと判断した私は、妊婦の言葉を聴きながら、一方では管理人の目を追います。彼に「あなたを無視してはいませんよ」と伝えなければならないからです。とはいっても、いつまでも妊婦に勝手に話を続けさせたら、管理人は不公平だと怒り出すでしょう。妊婦が大方の不満を出し切ったとき、しかもそれが管理人をなだめるのに遅すぎない時点で、彼女のおしゃべりをストップさせなければなりません。そうして協議の流れを不満の言い合いから和解についての話し合いに変えるのです。

そう、そのチャンスさえ逃がさなければ、この調停は成功するでしょう。私は妊婦の演説を切り上げさせる機会をうかがいながら、じっと彼女の言葉に耳を澄ませました。

独自のスタイルを求めて

センターで働く調停者は、調停を専門にやっている人と、作家、精神科の治療士、役人、弁護士というような調停以外の職業を持っている人とが半々です。人のために役立ちたいと自分の仕事の時間を割いてやって来るのです。

日本人から見ると、アメリカ人は積極的でおしゃべり、欲しいものは何でも取る〝ゴーゲッター〟型が多いと思われがちですが、このセンターで働く人たちは、調停者や事務の人たちを含め、そういったタイプの人は見当たりません。思いやりがあり、心豊かな人ばかりです。

センターには2人の担当官が裁判所から出向し、毎日の調停スケジュールを組み、必要書類を作成してくれます。ケースの当事者がそろい書類ができあがると、担当官が私たち調停者が待つ小さなオフィスへやって来て、準備ができたことを知らせます。調停者がケースを担当する順番は、一応オフィスへ着いた順で決まることになっていますが、自分の後から腕のいい先輩が来たときは、礼儀としてその人に譲る習わしになっています。

私たちはケースを待つ間、世間話をして過ごすこともありますが、ほとんどの場合は前の週に行ったケースの勉強会をします。調停の技術とは、どんなに理屈を勉強しても、実際に数をこなさない限り絶対にうまくはならないからです。私のような駆け出しの調停者にとって勉強会は何より大切な機会で、自分が扱ったケースについて、困ったことや難しいと思った点を先輩に相談し、それについてアドバイスを受けながら少しずつ自分の腕を磨きあげていくのです。

時には優秀な調停者と一緒に調停をやり、その人のテクニックとかコツとかを身に付けようとすることもあります。

ある70歳を超す女性調停者は、一見日本人より小柄で、聞こえないほどのか細い声で話します。ところが、いざ調停が始まると、協議のテーブルを完全に彼女のコントロール下に置くことができるのです。まるで見えない糸であやつってでもいるように、協議の方向を彼女の思うままに進ませてしまう腕前はまさに神業、見事というほかありません。しかも彼女の調停には威厳があり、そのうえ濃やかな優しさまで感じられます。

調停者は誰でも独自の調停スタイルを持っています。それは単に頭で考えただけで得られるものではなく、調停の数をこなしていくうちに自然に身に付くものなのです。まさに〝習うより慣れろ〟です。

II 今、なぜ調停なのですか？

ニューヨークに消えた愛

東欧出身の若い男女のケースが入ってきたのは、まだ雪が残っている早春の寒い日でした。

女性から保護願が警察に出されたのですが、調停で解決されるべきだと判断され、警察から調停センターに送られてきました。保護願の理由は、「昔の恋人に後をつけ回され、一度、夜に往来で暴力をふるわれた。まだ2人が祖国で暮らしているころにも彼に殴られたことがあり、彼の暴力がエスカレートする前に何とかしてほしい」というものでした。

女性のほうは、かなり上手に英語を話しました。反対に男性は、英語はほとんどしゃべれず、調停には通訳が呼ばれました。

調停の始まる前、私の心には、通訳を交えての協議は男性にとってやりにくいのではないかという危惧がありました。あまり発言しないようだったら、彼の心を開かせるような言葉をかけなければなりません。それにはどんな言葉や表現がいいのだろうか、と頭の中であれこれ違った場面を思い浮かべたりもしたのです。

ところが実際に話し合いが始まると、そんな心配はすぐに吹っ飛んでしまいました。彼は、はじめこそ少しためらっていたものの、直に通訳など意に介さないという様子で、ひとりで勝手にしゃべり出したのです。まるで何かに憑《つ》かれたように。英語が母国語でない私の耳に、突然通訳の英語と東欧の言葉が同時に飛び込み始め、私は内心慌てました。

男性はこちらが口を挟まない限り、1時間でも2時間でもしゃべり続けそうな気配でした。おまけに彼女の古いラブレターを取り出し、それを涙声で読み上げるのです。それとなく見ると、愛の言葉が書かれている個所には赤や黄色の線が引いてあります。彼の様子は、アメリカに来て以来、いえ多分それまでの彼女との恋愛で味わった孤独と不満、うっぷんのすべてをさらけ出すのは今をおいてない、とでもいうような勢いでした。

2人は東ヨーロッパの都市で知り合い、恋に落ちて一緒に暮らし始めたそうです。そのうち、女性のほうが、もっと広い世界を経験したいと言い出し、「気持ちは変わらない。必ず帰って来るから、帰ったら結婚しよう」と約束して、ニューヨークに来てしまったのです。

彼女が国を出てからというもの、友達や家族の嘲笑を背に感じながらも、彼はひたすら彼女を待ちました。それが愛というものだと彼は信じて疑わなかったのです。

やがて彼女から「ニューヨークで結婚して2人で幸せになろう」という誘いの手紙が来るようになりました。仕事や家族を捨てて新しい土地に行くことには迷いもありましたが、彼の心の中で、彼女に対する愛がためらいを超えたのです。生まれ育った所で身辺整理を済ますと、彼は彼女と暮らすことだけを胸に、はるばるニューヨークにやって来ました。

それなのに、と若者は涙にむせながら訴えます。彼女は、飛行場に迎えにさえ来なかったのです。アパートは何とか用意してあったものの、もちろん彼女はいません。言葉も分からず友達もいない所で、一体どうすればいいのか……。彼にできることはただひとつ、彼女の後をつけ、よりを戻してくれるように頼むことだけだったのです。

待合室で私の前に現れた2人を見た途端、「これは」と思いました。人間の幅とでもいうのでしょうか、質といったら良いのでしょうか、2人は全く違うタイプの人たちだったのです。彼女のほうはアメリカの生活で洗練されたのか、特別に美人というわけではありませんが、大きな瞳がキラキラと輝く頭の良さそうな、存在感のある女性だったのです。東ヨーロッパの小都市で一生を終えたくなかったという彼女の気持ちが、何となく分かるような気がしました。

そんな彼女の前で、赤ら顔の男性は、肩身が狭そうに座っています。ラブレターを読みながら「こんな美しい愛の言葉をくれたではないか」と責める男性。それに対し、「その手紙を書いたとき、私の愛は真実だった。でも愛は終わったのだ」と彼女はクールに答えるだけでした。この際何を言ったところでなぐさめでしかないことを、彼女は悟っているのでしょう。彼女が彼の元に帰らない限り、どんな言葉も一時しのぎにしか過ぎないのです。それだったら、いっそ何も言わないほうがいいのです。どれほどつらくても、彼がひとりで納得する以外に解決策はないのですから。

多分、彼もそれは理解しているに違いありません。理解しても納得できないから苦しんでいるのです。「もう一度2人で暮らしたい」と、目をはらし、それだけを何度も繰り返し訴え続ける男性に、女性のほうは「友だちとして喫茶店で会うだけなら……」とそっけないのです。

彼の訴えを聴きながら、私は忙しく次の手を思案しました。このまま気が済むまでしゃべらせようか、それとも少し押して何らかの和解をまとめさせるか……。それはしかし、和解というより女性の身の安全の保証を取り付けること、つまり、これから彼女の後は決してつけない、という約束を彼からもらうことを意味しています。

しかし興奮した男性には、そんな約束を結ぶ心の余裕などあるはずもなく、今の彼に必要なことは、たまりにたまったうっぷんを彼女にぶつけることなのだと思えたのです。それなら彼に好きなだけ話させよう。彼女だって一度は愛した人なのだから、それを黙って聴くことぐらいできるにちがいない。

協議は3時間続きました。通訳も私たちもへとへとです。それでも男性の主張は変わりません。遂にいったん冷却期間を置くことにし、その日の調停を終えました。

しかし次の週、予定された時刻に彼は姿を現さず、それっきり彼からの連絡もありません。彼女の愛が戻らないことを悟って、祖国に帰ったのでしょうか。もしまだニューヨークにいるとしたら、どこで何をしているのでしょう。彼女というスポンサーをなくした今、彼に滞在許可が下りたとは思えません。

独りぼっちのアメリカ人

東欧の青年の事件は、ニューヨーク、いえアメリカという社会がもたらした悲劇ともいえます。

もし2人が祖国で暮らしていたら、この事件は警察ざたにはならなかったように私には思えるのです。2人の破局そのものは、若い人同士のことで避けられなかったかもしれませんが、たとえ破局が起こっても、身近に心の痛手を打ち明けられる相手がいたら、思いつめて彼女に暴力をふるうことはなかったでしょう。女性にとっても同じことがいえます。口論の末にボーイフレンドが手を上げたとしても、それが何度か続かない限り、母親や友人に実情を訴えるだけで警察へ届け出ることまではしなかったはずです。

調停はここ10年間でアメリカ全土に広がりました。発展した理由としてまず考えられるのは、調停を行う人々のテクニックが進んだことですが、もうひとつの理由は、アメリカ社会の中に、若い人や困っている人に親身なアドバイスを与えてくれる人がいなくなったということです。東欧のカップルの話からも分かるように、その根源には、もともとアメリカという国が、自分の新しい人生を切り開くために、家族を捨てて、海外から単身でやって来た人々が築いた国だという事実があります。

そのような社会背景は、アメリカ人を極端に個人主義にしているようです。ところが個人主義の根本は、良くも悪くも頼りになるのは自分だけ、という考え方です。ですから、その人が波に乗っていて強いときは、個人主義は本当に都合のいい生き方なのですが、反対にいったん人生が下り坂に陥ったが最後、これほど厳しいものはありません。しかも自分が不幸だからといって、他人の親切を当てにしてはいられないのです。その孤独さは、アメリカでセラピストと呼ばれる精神科の治療士の元に通う患者数や、公共の福祉相談、法律相談がどれほど発展しているかを見れば容易に納得できることです。

個人主義の社会では、「家族」という意識も日本人とはだいぶ違っています。

数年前にニューヨーク市で、小学生を対象にした意識調査が行われました。その中で、「ファミリーとは何ですか？」という問いに対するマルチプルチョイスの答えで一番多かったのは、「愛し合っている人同士が一緒に暮らすこと」だったそうです。つまりアメリカ人にとって家族のきずなは〝血〟ではなく、一緒に暮らしたいという意思、言い換えれば〝愛情〟ということなのです。

もっともその気になれば、男性同士、女性同士だけでも生活を共にし、夫婦、家族と呼び合えるのがアメリカですから、ニューヨークの小学生の答えは当然といえば当然のことかもしれません。

しかし愛情だけでつながっている人々は、愛が終わればその人間関係も終わってしまいます。この一見簡単そうな人間関係の方程式が、実はなかなか曲者です。なぜならその方程式には、私たちの愛情はいつも同時に終わるとは限らない、という落とし穴があるからです。だから東欧の青年のケースのように、恋人の一方はとっくに熱が冷め、次の人生を踏み出そうとしているのに、もう一方は、それが納得いかずに苦しむという不幸な事態が起こってしまうのです。自分の心の準備ができていないうちに、愛情を失うことほどつらいことはありません。

このような悲しみを訴える人もいないまま、それにひとりで直面し自分を支えていかなければならないとしたら、大変な勇気と精神力が必要でしょう。耐えきれなくて、相手に乱暴をふるってしまうのは仕方のないことなのかもしれません。

ブルックリンのセンターで調停される争い事には、東欧の青年の例が語っているように、もっとトラブルの早い時期に、誰か適当な人がそれなりのアドバイスを与えていたら警察を煩わす必要はなかったのに、と思われるケースが実に多いのです。

完全でない法律

社会の複雑化は、急速な国際化によってもたらされました。科学技術の発達が、アメリカだけでなく世界から国境を取り払っているのは事実ですが、社会の国際化に比べ私たちの心の国際化は、残念ながらだいぶ遅れているようです。まだまだ地域の伝統や古い価値観に縛られたままの心で外国人と接し、思わぬ摩擦を引き起こしているのです。

外国人あるいは異文化との接触が原因で生まれるトラブルや戸惑いは、その昔、旅行記と呼ばれる読み物の格好の材料でした。私たちの日常でも、海外旅行の後、家族や友達に失敗談を笑い話に変えて話すことは、よくあることです。

しかし会社の同僚がロシア人やアラブ人、アパートの隣人がアフリカ人というような生活環境では、習慣などの違いが原因で起こったトラブルや戸惑いを、単に笑い話で済ますわけにはいかなくなってきました。何らかの形で早いうちに解決しなければ、それがいつの間にかより深刻なトラブルに拡大してしまう危険があるからです。

アメリカは法治国家ですから、市民の間にトラブルが起これば法廷裁判によって黒白がつけられ、解決されることが社会の決まりになっています。また世界各地からやって来た人々で成り立っている国では、言葉や文化、習慣の違う人々の間に起こる揉め事は、話し合いより法律で解決するほうが簡単で手っ取り早い、という理由もあります。

ところが最近では、法律だけに頼っていると、まとまるものも、まとまらないのではないか、という不満が多くの人々の間でささやかれ始めています。法律は私たちの生活のごく基本的な部分を規制はしていますが、それ以上の細かい枝葉、特に人間の心の部分には触れていないからです。

暴力的で悪質な犯罪を除いて、私たちが日常巻き込まれるトラブルとは、人間関係が原因で起こることがほとんどです。人間関係といえば心の問題です。心のトラブルを法律で杓子定規に収めようとすると、必ずそこには収まりきらない部分が出てきます。

アパートの管理人と住人の争いをもう一度思い出してください。法律では、管理会社はアパートを住居として住みやすい状態に保つ義務があります。この点、管理会社は義務を怠ったといえます。だからといって、トイレの水漏れを理由に、家賃を何カ月も滞納することが正しいことでしょうか。確かにトイレの水漏れは不愉快ですが、毎日の生活を脅かすような危険ではありません。それを訴え出て裁判で無理に決着をつけようとするのは、正義を行うようでいて、かえって正義の本質を歪める危険があります。そればかりでなく、裁判で負けた人の心に、強い不満を残す恐れもあるのです。

そのうえ、勝つためには人々が金と力にまかせてブルドーザーのように押しまくる米国の裁判では、どちらが勝っても、当事者同士の人間関係は取り返しがつかないほど破壊されてしまいます。こうしたことが「アメリカの法廷に正義はない。裁判に勝つのは、それを持ちこたえられるタフな神経と財力である」といわれるゆえんです。

III どうして調停が社会に根付いたのですか？

アメリカは移民社会

アメリカには数えきれないほどの外国人が観光ビザで入国し、そのまま住みついています。そのような人たちは無許可のまま、男性なら建設現場やレストランの下働きをしたり、女性ならメードや子守などをして、アメリカの社会を底辺から支えているのです。

次に紹介する女性のケースも、そうしたアメリカ社会の中で、立場の弱い外国人労働者の誰もが抱えている問題を露呈した事件です。

その女性は、通いのメード兼子守として働いていました。給料は週130ドル、月曜日から金曜日まで週5日間労働で、時間ははっきりと決まってはいないものの、だいたいお昼ごろから夕方まで1日7時間という条件でした。時間の割に給料が安いのは、彼女の雇い主が永住権（グリーンカード）を取るスポンサーになってくれたからです。

彼女のような立場の人たちにとって、滞在を合法化してくれるグリーンカードは、まさに喉から手が出るほど欲しいものです。グリーンカードさえあれば、仕事を自由に探せるだけでなく、準市民として扱われ、カード取得から5年後には市民権の申請ができるからです。市民権が取れれば、今度は家族をアメリカに、正式に呼び寄せることができます。しかしそのカードは、メードならアメリカ人の雇い主がスポンサーにならない限り、取得することはできません。

この事件の女性が、その家庭で働き始めてから数年が過ぎたころ、ようやく、「申請が許可された」という待ちに待ったうれしい知らせが、移民局から彼女の元へ届きました。

ところがその後、彼女は女主人と口論して解雇され、女主人はグリーンカードの申請を取り消してしまったのです。メードは、「自分はグリーンカードをもらうことを前提として、身を粉にして働いた。腕も背中も痛む。カードが手に入らなくなった今、腕と背中の治療費、生活費を払ってほしい」と主張しています。

女主人も負けてはいません。

「健康を害したといっても、子供は大きくなっているし、家には祖母がいて片付け程度はするから、メードの仕事がそれほどきつかったはずはない。しかも彼女は午前中よその家でも働いているから、自分の家庭だけが彼女の健康の責任を取らされるのはおかしい。それでなくても彼女は文句の多いメードで、本当はもっと前に辞めてほしかったのだ。雇い主が仕事を頼んだら、それに文句を言って怒らせる。クビだと言われたら泣き叫び、その場で警察を呼び、雇い主に乱暴されたと訴えるメードがどこにいるか」

クビになってからも毎日のように家に電話をしてくるメードに対し、「自分のほうこそ被害者なのだ。今後、夫や子供への嫌がらせ電話は一切やめてほしい」と訴え、いかにもうんざりした様子です。

私は、調停が喧嘩の日からそれほどたっていないこと、女主人は申請を取り消したといっても、電話で、それも留守番電話で弁護士に伝えただけという事実から考えて、実際には、まだこのメードの申請は取り消されていないのではないかという気がしました。今はただそれを祈るのみ。

そこで私は女主人に、その日のうちに弁護士に電話し、申請をもう一度進めるように弁護士に頼むことを提案したのです。また申請が取り消された場合を考え、メードには、市の外国人用法律相談所の電話番号を教えました。

調停は市民の味方

調停が利用され始めたころは、調停と裁判の違いを、両者の優劣を比べるという視点から論じる傾向がありました。その結果、調停は裁判より解決能力が劣ると決め付け、離婚問題や遺産騒動のような小さいケースだけを扱うべきである、という意見が大勢を占めていました。

しかし調停の利用者が増えるにつれ、調停と裁判は目的や形式こそ異なるものの、紛争解決能力ではほとんど格差がないことがはっきりしてきたのです。

そこで関係者の間では、肝心なことはふたつの制度の比較ではなく、トラブルで悩んでいる人々に選択権を与えることではないか、と言われるようになってきました。言い換えれば、当事者がトラブルの解決で何を得たいのか、つまり、はっきり黒白をつけたいのか、あるいは和解したいのかによって、調停と裁判のどちらでも自由に選択できる仕組みになっていることが理想なのです。

また、調停の紛争解決能力が裁判に劣らないことが明らかとなった以上、少しでも多くの人が調停を利用すべきである、という意見も強くなっています。調停がもっと多く利用されれば、裁判所はそれだけ雑多な訴訟に煩わされなくて済むようになるからです。負担の軽くなった裁判所は、本当に法廷裁判が必要なケースだけを十分時間をかけて裁けるようになるので、市民は裁判所に、より徹底した事件の吟味、真理の追究が期待できることになるのです。

ポンド会議

調停と裁判が比較されるようになると、それでは裁判のメーン・プレーヤーである弁護士の意見はどうなのか、ということが問題になってきました。

弁護士の調停に対する意見は、調停が紹介されたころは、仕事を取られることを心配してか否定的なものが多かったようです。

しかし最近の傾向としては、調停者を競争の相手ではなく、協力者として見ようという姿勢の弁護士が増えているといわれています。裁判も調停もトラブルの解決を目指すという点では同じです。それならば、弁護士が裁判と調停を一緒に手掛けてもおかしくないはずだ、という見方が広がっているのです。

また現実には、たとえ訴えを起こしても、裁判を待っている間に話し合いで解決してしまうケースがほとんどです。この話し合いをあらためて調停と呼ばなくても、実際には弁護士が調停者の役目を果たしているのですから、調停者と弁護士が協力し合えないはずはありません。

しかし、弁護士の多くが調停に対して好意的意見を形成するには、それなりのきっかけが必要でした。そのきっかけとなったのは、米国弁護士協会により1976年4月、ミネアポリスのセントポールで開催された「ポンド会議」です。

この会議の本当の目的は、アメリカ市民がなぜ司法制度を批判するのか、その原因を探ることでした。それが「ポンド会議」と呼ばれるようになったのは、同じセントポールの地で1906年、ラスコー・ポンドが行った司法制度改革を促した演説に由来してのことです。

その演説の中でポンドは、「飢えたイナゴのような弁護士の群れと、未曽有の数の判事たちの手による米国社会の荒廃は既に始まっている」と熱弁をふるい、会場に集まった弁護士を含め司法に携わるアメリカ人に厳しい警告を発したのでした。

ラスコー・ポンドが行った歴史的演説からちょうど70年後、1976年のミネアポリス会議で初めて、調停は裁判以外の争い事の解決手段のひとつとして、米国弁護士協会から正式に認められたのでした。

調停を支持する弁護士のひとりは、60年代にジョンソン政権が提唱した〝偉大なる社会〟構想を引き合いに出して、彼の意見を説明してくれました。

当時ジョンソン大統領が、健康保険の掛け金を払えない貧しい人々や老人を救済する目的で編みだした医療保険制度「メディケア」を導入しようとしたとき、それに猛反対したのは収入の減少を恐れた医師会でした。ところが、いざ制度が施行されると、こぞってそれを利用し利益を上げるようになったのは、ほかならぬ反対していた医者たちだったのです。こうしたことから考えても、彼ははっきり「調停から利益を受けるのは弁護士である」と言い切っています。

事実、過当競争の激しい弁護士業から、まだ職業として新しい調停に手を広げようとする弁護士も多く、調停者のトレーニング会場を覗くと、参加者の中に若手弁護士の顔が目につきます。

調停を普及させる動き

トラブルの内容自体が裁判より調停に向いているケースがあります。その最たるものは、将来も顔を合わせる機会がありそうな人とのトラブルです。いくら勝訴しても、その後一生相手に会う度に気まずい思いをしなければならないとしたら、何のための勝利か分からないでしょう。

調停が離婚問題に向いているといわれるのは、たとえ離婚しても、子供の養育に関して父親と母親が話し合わなければならないことが必ず出てくるからであって、ケースの規模が小さいからではないのです。

調停の利点は、それを利用した人には十分知られているものの、利用者はまだまだ裁判ほど多くはありません。調停の利点を人々に知らせ利用者を増やすという意味合いからも、最近、弁護士は訴訟を起こす前に、それ以外の裁判回避手段があるという事実を依頼者に伝え、その手段について説明することを法的に義務付けようとする動きが出てきました。

調停が確実に経費と時間の節約になることを考えれば、依頼者が裁判で経済的かつ精神的な痛手を負う前に説明することは親切なことだと思います。

調停が最も盛んなコロラド州では、1993年1月1日付でこうした事柄を明記した条例がすでに発令されています。コロラド州のほかにも同様の法律の立法化を検討中の州も多く、中でもミネソタ州では、州立裁判所で扱う民事裁判のすべてでは、裁判の前に調停を行うという内容のパイロット・プロジェクトが94年から開始されました。このパイロット・プロジェクトは6年間試みられ、その結果が満足のいくものであれば立法化されます。そのときに備え、ミネソタ州では必要な調停者を育成する大規模なトレーニングも開始されたそうです。

調停が裁判とともに、トラブル解決の正式な手段として制度化される日も近いことでしょう。

植民地時代の調停

ここで少しアメリカにおける調停の歴史について触れてみます。トラブル解決の手段として、裁判が一般市民にまで利用されるようになったのはここ100年くらいのことで、それ以前はアメリカでも昔ながらの調停が用いられていたからです。特に植民地時代、ピューリタンの社会ではその傾向が強かったようです。

ピューリタンと呼ばれる人たちは1620年代に相次いで渡来し、東海岸沿いに植民しました。その共同体の特徴は、メイフラワー船上の誓約にも示されているように、神を恐れ、人の善意を信じ、労働を尊び、助け合って平和に生きることでした。こうした信条の下で生きるピューリタンの間で争いが全く起こらなかったのかというと、現実はむしろ正反対だったそうです。

ニューヨーク大学法学部のウイリアム・ネルソン教授は、「1725年から1825年の100年間にマサチューセッツ州のプリマス郡で起こった紛争とその解決法について」という珍しい調査を行いましたが、著書の中で教授は、プリマスの人々の間で数多くのトラブルが起こったことを報告しています。

しかし現在と違い、当時のピューリタン社会では、トラブルのほとんどは町と教会が行う調停で解決され、裁判に訴えることは極めて少なかったようです。

現存するマサチューセッツ州の記録によると、１６９１年から１７７５年の間に行われた裁判の数は、州内の各町ごとに平均するとわずか57年に１件の割合でした。裁判をせずに円満な解決が可能だったのは、まだ町の規模が小さく人々がお互いに顔見知りだったこと、またピューリタンは信仰深く、その分人々の自制心や道徳心が高かったためと考えられています。

植民地時代のアメリカには法律の知識を持つ人の絶対数が大変少なかったので、裁判を起こしたくとも起こせなかったというのが実情でしょう。特に植民地時代の初期は、町には裁判所などもなく、裁判となるとロンドンまでわざわざ出かけなければならなかったのです。

マサチューセッツ州のプリマスは、ニューイングランド地方でヨーロッパ人が最初に植民した土地ですが、１６８５年にカウンティ（郡）として認められたころは７つの町から成っていました。それぞれの町は軍隊どころか警察も持たず、裁判所だけは存在したとはいえ、使われることはまずなかったそうです。神の教えが生活の基本であり、教会の教区がそのまま町の境として認められていました。

住民は全員、教会と町の役職に交替で就くことになっていましたが、その運営は、現代民主主義のように投票による多数者の少数者に対する強制という形ではなく、意見の相違は忍耐強い話し合いで解決を図り、全員が納得するまで賛否を決める投票は行われませんでした。

本国である英国の政治社会制度を嫌って海を越えて来たピューリタンにとって、英国の司法制度の代弁者でもある弁護士を避けようとする気持ちは強く、弁護士という職業は存在していたものの、人の不幸を餌に金儲けする職業として嫌われ、社会的地位は低かった、と伝えられています。

調停の衰退

しかし19世紀に入ると、トラブルの解決法としての調停は徐々に衰退し始めます。原因は、調停が人々に嫌われたからではなく、むしろ調停の利用を難しくするような社会変化が起きたからです。その筆頭にあげられるのが教会の分裂です。

論争好きなピューリタンは、教会でも教義の解釈などをめぐって論争を繰り返し、内部の揉め事が絶えませんでした。一度対立するとどちらも頑固で妥協しないため、最後は反対者の破門、あるいは脱退という極端な形でしか終わることができなかったのです。

宗教が原因で対立した代表的な例としてすぐに頭に浮かぶのが、1636年にロジャー・ウイリアムスがマサチューセッツ州のセーラムから追放された事件、翌年のアン・ハッチンソンの破門、そしてクエーカー教徒の迫害です。

ロジャー・ウイリアムスは、追放されながらも本国イギリスとうまく掛け合い、ロードアイランドを手に入れ、その後の成功の地盤を築いたのですが、反対にアン・ハッチンソンの破門は、彼女の無残な最期とともに深い悲劇の色を残しています。

アン・ハッチンソンは、1591年にイギリスのピューリタンのリーダーの娘として生まれ、商人のウイリアム・ハッチンソンと結婚し、14人の子供をもうけました。1634

年、一家はアメリカ大陸に移民し、マサチューセッツのプリマスに住み始めました。

やがて彼女は頭角を現し、地元の人々が集う教会のリーダーとなりました。頭も良く勇気もあった彼女の元に集まる人々の数は増え、教会は目覚ましい勢いで成長し、それに伴って彼女のプリマスでの影響力も強まっていきました。

ところが、アン・ハッチンソンの勢力拡大を快く思わず、さりとて無視もできなくなった教会の長老たちは、彼女に教会での活動をやめるように圧力をかけ始めたのです。もちろん彼女は聞き入れません。両者の間に亀裂が生まれ、彼女を異端者として裁く宗教裁判が開かれました。

その結果、アン・ハッチンソンは宗教裁判に負け、1637年にプリマスから追放されたのです。アン・ハッチンソンとその一族はロードアイランドに逃れ、そこに共同体をつくりましたが、やがてそこも追われ、次にロングアイランドへ、その後ペルハムベイへと東部海岸地帯を点々と移りました。

しかし1643年、ペルハムベイで一族はインディアンの攻撃を受け、アン・ハッチンソンは殺されました。

また、クエーカー教徒たちにとっても悲運が待ち受けていました。同じキリスト教徒とはいっても、教会内のリーダーどころか教会そのものを疑問視していたために、教会の指導者からは嫌われていました。クエーカーたちはイギリスを追われアメリカ大陸に大挙して渡りましたが、その第1団は1656年、ボストンに上陸するや否や投獄されたそうです。その後クエーカー教徒たちは迫害の強いボストンを避け、ロードアイランドやペンシルベニア、カナダに入植しました。

こうした事件に端を発し、内部の揉め事もますますエスカレートし、やがて教会は分裂していきました。

ところが教区が町境と一致していた時代、教会の分裂はそのまま町の分裂を意味したので、教会の分裂が社会に与えた影響は複雑でした。

当時調停が人々の対立を収められたのは、何といっても和解を取り持つ教会や町の長老が、トラブルを起こした当事者双方と顔見知りだったからです。それ故に事件の背後にも

精通しており、尊敬もされ、その影響力も強かったのです

しかし教会と町の同時分裂が起こると、もともとはひとつの町に住んでいた人々が完全にふたつのグループに分かれ、交渉を断つことになりました。ところがそれは表向きのことで、昨日までは隣人だった人々の間では、実際には、やれヒツジが柵を越えたとか、井戸を使う権利とか、遠い町に出かけるときに道路を通過しなくてはならないというように、人々が日々生活していくうえで必要なさまざまな理由から、接触を完全に断つことは不可能だったのです。

接触があればトラブルも起こりますが、町として正式に関係を断っているために、トラブルが起こっても、どちらからも相手側に対して和解を働きかけることができなかったのです。結局いさかいは裁判で解決する以外に方法がなくなってしまいました。

調停が廃れたもうひとつの原因は、人口の増加や商業活動の発展によって遠い町の人々との交流が増え、その結果争い事も増加した、ということです。

プリマスの人口は1690年には3055人と記録されていますが、1775年の統計

によると2万3119人、1790年には2万9535人、1820年には3万5107人と増加し、郡内の町の数も7から15に増えました。

ニューイングランドのコロニーの多くは、ヨーロッパ各国からの移民がつくりあげた共同体で、ひとつのコロニーがそのままひとつの町を形成していました。ということは、コロニー内の人たちはキリスト教の宗派が同じであるばかりでなく、祖国も同じという人同士でしたが、隣のコロニーの住民は、同じキリスト教徒でも違った国から移民し、違った宗派に属し、違った価値観で生活し、時には全く違う言葉を話していることさえあったのです。

このように、まるで外国人にも等しいような隣町の住民との間で争いが起こった場合、どちらの町や教会の長老も調停者としては不適格だったのです。

また、人口の増加に比例して、ドリフターと呼ばれるよそ者の数も増え、彼らによる犯罪が頻繁に起こるようになったことも人々が裁判に頼るようになった原因のひとつです。

バーナニュエル・リーチという男など、羊泥棒の組織をつくって18世紀のプリマスを荒らしまわり、合計9回も裁判にかけられたと記録されているほどです。

アメリカは1776年にイギリスからの独立を宣言し、一国家として歩み出しました。同時に社会を秩序立てる法律も急速に整備され、裁判所が建設されていったのです。当時も裁判が終わった時点で、裁判長が敗訴した者に罰金とともに裁判の費用を支払うように申し渡していました。

ところが19世紀後半から有能な弁護士は、弁護を引き受ける前に、裁判長が申し渡す費用とは別に、特別の弁護士料を請求し始めたのです。こうしたことを最初に始めた人物が、国会議員であり弁護士でもあったダニエル・ウエブスターです。彼はたぐいまれな雄弁家で、彼が弁護して負けた裁判はないといわれています。

また、社会が発展するとともにアメリカ人全体が豊かになり、高額な弁護士料もそれほど負担とは思わずに払えるようになったことも、裁判が増えた理由のひとつとして忘れてはならない事実でしょう。

このように司法制度の整備が確実に進められていったのに反して、調停は昔のままで放置され、その監督機関や制度が新しい時代の要求に合うように調整されるということがなかったのです。

IV 裁判が嫌われる訳は？

怖い裁判の遅れ

Aさんは精神科の医者です。しかし彼女の夫は、結婚する前から一度も定職を持ったことがないばかりか、子供が2人生まれた後も一向に態度を改める様子もなく、Aさんの収入を当てにして毎日家で子供と過ごしていました。Aさんはそんな夫に不満でしたが、それを口にすると彼は暴力で彼女を黙らせようとするのです。

なぜそんな男と結婚したのかと疑問に思いますが、2人を結び付けたのは宗教でした。敬虔なカトリックの家に生まれたAさんは、カトリックの男性以外は結婚の相手として考えられなかったのです。

当時Aさんは、市内にマンションと郊外にウイークエンド・ハウスを持っていました。ある週末、夫婦喧嘩の後、ついに我慢できなくなった彼女は夫と子供をウイークエンド・ハウスに残し、ひとりで市内のマンションに帰りました。すぐに子供を引き取るつもりで離婚を決意しましたが、いざ訴訟が始まると夫は離婚をしぶり、子供を渡すことも拒否してきたのです。

Aさんの離婚裁判は2年間始まりませんでした。その間もAさんは、ふたつの家のローンと維持費、子供の養育費を夫に払い続けなければなりませんでした。生活力は彼女のほうがあります。裁判所で行った精神鑑定でも、Aさんのほうが親としては望ましいという結果が出ました。Aさんは、離婚は簡単に成立して子供も引き取れるだろうし、何も心配はない、と思えたのです。

しかし、落とし穴は訴訟を起こしてから実際の裁判までの「期間」でした。離婚はしたものの、Aさんは子供を引き取れなかったのです。その理由は、過去2年の間に子供は父親だけの生活に慣れてしまったから、というものでした。裁判長は「子供は人格形成の大切な時期にいる。たとえふがいない父親でも無理に引き離し、子供を新しい環境に入れ、不必要な精神的打撃を与えるのは望ましくない」という意見でした。

判決後、父親は2児を連れて遠い町に引っ越してしまいました。Aさんの住んでいる州では一度養育権が決まると、その決定は最低2年間有効となります。Aさんは2年後の養育権見直し裁判を待ちながら、今でも子供の養育費を払い続け、毎週末、車で片道4時間かけて州境ぎりぎりの町まで子供に会いに通っています。

このように被告にとって有利に作用する裁判の遅れも、原告にとっては頭痛の種になることが大変多いのです。裁判の遅滞が恐ろしいのは、費用がかさむだけでなく、長引くにつれ状況が変わり、裁判が思わぬ方向に流れてしまうことがあるからです。有利な証言を約束してくれた友人の気が変わった、その人が引っ越してしまった、ということは動きの激しいアメリカ社会ではよく起こることです。

現大統領夫妻を例にあげるまでもなく、弁護士として実際に活躍していなくても、その資格を持つアメリカ人は全米に星の数ほどいます。ちなみにワシントンだけで、日本の弁護士総数の約2倍の弁護士が働いています。記録によると、1973年から83年までに、全米の弁護士の数は33万1000人から61万2000人へと、10年間で約2倍に増えています。

同様に73年にGNPの1%を占めていた司法関連産業は、83年には1・3%を占めるまでに成長しました。このような数字を見ただけでも、弁護士業が現代のアメリカ社会の中で占める位置は、決して小さいものではないことが理解できます。

ところで、アメリカで弁護士業をこれほど成長させた原因は一体何でしょうか。

その答えは、ほかならぬ成功報酬制度の効用なのです。裁判の資金が潤沢でない人が、賠償金を受け取ってから弁護士料を支払うという約束で訴訟を起こす成功報酬制度および根拠法（成功報酬制度を正式に認めた法律）は、貧しい人でも不当に扱われた場合、裁判に訴えてその間違いを正すことを請求できるという、私たち庶民が無視できない大きな利点があります。ですから根拠法自体は、決して悪法ではないのです。アメリカに限ったことではなく、人間の社会そのものに強者が弱者を力で圧倒するという傾向が続く限り、弱者保護という点からいっても、成功報酬制度はなくてはならないものと考えられます。

そうはいっても、現在のアメリカ社会で成功報酬制度が実際に利用されている様子を観察すると、制度がもたらす悪影響のほうが制度の利点をはるかに上回っているのではないか、という印象を受けるのも事実です。裁判が身近になっていればいるほど、日常生活で持ち上がるささいなトラブルや家族内のいさかいまで、自分たちで労をとって解決しようとはせず、すぐに警察に訴えて裁判に持ち込もうとするような風潮が見られるからです。

ニューヨークやロサンゼルスといった都会の裁判所は、まるで庶民の苦情処理場と化してしまったばかりでなく、ひいては裁判の遅れを引き起こす大きな原因となっています。

成功報酬制度がアメリカ社会にもたらしている弊害は、裁判の遅れだけではありません。訴訟が身近になると同時に、人々は思いやりや道徳心を失い、法律を盾に権利ばかりを主張し、行動するような傾向を帯びてきたのです。その結果、社会全体がギスギスした雰囲気になってきただけでなく、いつの間にか、裁判を賠償金目当ての手っ取り早い金儲けの手段と勘違いしている、困ったアメリカ人も増えてきたのです。

目撃者のいない落下事故

こうした社会の風潮を顕著に表しているような若者の事件を紹介します。

ある会社重役の奥さんがひどいリューマチにかかり、車椅子に乗らないと動けなくなったので、車椅子で家の中を自由に移動できるようにと家を改造することになりました。

工事が行われていたある日の午後、電気の配線をしていた若い男が重役の奥さんを現場に呼び出し、約3メートルの足場から落下した、と伝えたのです。彼女には、落下の音を聞いたのか否か、はっきりした記憶がありません。しかし若者は元気そうに見え、具合を尋ねると「大丈夫だ」と答えました。

話はそれで終わったように、少なくとも重役夫婦には思えたのです。数日後、若者の弁護士から「彼のけがは思ったより悪い」という連絡がきたときには本当に驚きました。

若者は建設会社の下請けとして働く一匹狼で、もちろん労災には入っていなかったので、彼は仕事ができなかった数日間の日当と医療費、それに慰謝料を請求して訴訟を起こしたのです。運よくその重役は損害賠償をカバーするライアビリティ保険に入っていたため、このケースは、若者と重役が加入している保険会社との間で争われることになりました。

両者とも裁判に持ち込む前に和解することを願っていますが、保険会社は若者のけがの実態がつかめず、請求された賠償額が妥当かどうか決められないので、まだ示談には至っていません。

保険会社は若者にレントゲン写真や医師の診断書の提出を要求し、若者がそれを拒否するという状態が続いているのです。法廷裁判になって提出を強制されない限り、若者は自分に不利になる証拠の提出を拒む権利があるので、彼が拒否していること自体は違法ではありません。

一方、保険会社にすれば、若者の提出拒否は、彼のけががそれほどひどくないことを裏付けているようにも受け取れるのです。もし若者の事故が大したものでなければ、裁判になった場合、彼は負けるだけでなく、反対に詐欺行為として保険会社から訴えられ、多額の損害賠償を請求される恐れがあります。

しかし、若者には強みがあるのです。それは、たとえ保険会社が裁判に勝訴しても、まだ若くて貧しい彼から、多額の賠償金を取れる見込みはほとんどないという事実です。つまり、保険会社が若者を訴えて有罪が決まっても、弁護士料がかかるだけ会社の損失になってしまうのです。保険会社にとっては若者に多少の賠償金を払ってでも、早く事件の決着をつけたほうが得策になります。こうなると、保険会社にとって、若者のけがの程度などは全然問題ではなくなってきます。

両者は遅かれ早かれ和解し、そのとき若者は何がしかの賠償金を手に入れることでしょう。けれども、その内の3割は彼の弁護士のものになるはずです。

弁護士の中には、「自分は〝敵を射落とすために雇われたガンマン〟で、攻撃がパワフルで正確なほど依頼人から感謝される」と真面目に信じきっている人もたくさんいます。ガンマンがいるということは、アメリカの社会に彼らの働きを当てにする人がいるという意味でもあります。

18世紀にアメリカ東部を旅行したフランスの政治学者トクビルは、著書の中でいみじくも「アメリカ人は全員ビジネスマンである」と言っています。その言葉どおりアメリカには、有形無形を問わず、物の価値をすべて金の額で表そうとする傾向があります。人々が被った損害も例外ではなく、その被害は金銭でしっかり償われるべきである、と考えられているのです。

しかし、国民全体が賠償金を取り付けることばかりに夢中になったら、社会に混乱が起こるのは当然です。しかもその賠償金は、安くはないのです。現在のアメリカ社会を見回すと、社会の混乱に起因すると思われる弊害がはっきり表れています。

弁護士が原因の裁判の遅れ

よほど特別な場合でない限り、弁護士がひとつのケースにかかりっきりになることはまずありません。ですから弁護士事務所の事情で仕事が進まなくなってしまうことが度々あります。うるさくせっつく依頼人がいれば、当然そのケースを早く片付け、黙っている人のケースは後回しになってしまうのです。腕のいい人気のある弁護士ほど、この傾向は強いでしょう。ところが困ったことに、弁護士は依頼人に「あなたのケースは後回しです」

とは絶対教えてくれません。

アメリカで弁護士を雇ったことのある人は誰でも経験していることと思いますが、簡単ですぐ片付きそうなものほど、はかどらないことがよくあります。しびれをきらして文書で仕事の経過を尋ねてもナシのつぶてで、電話をかければ秘書にうまく言い逃れをされてしまい、依頼人のほうでは遅れている事情がさっぱりつかめず、苛立ち不安にもなります。

この点についてコロラド弁護士協会の会長、ウイリアム・デモリンが1989年5月、協会の機関誌の中で、謝ることの大切さについて書いています。彼は弁護士の言い訳に触れ、「依頼人が気づかないからといって、嘘や言い逃れをするべきではない。裁判の勝敗ばかりでなく、人間関係に神経を使うことも弁護士の職務のひとつである。もし仕事ができ上がっていないのなら、率直に〝アイ・アム・ソーリー〟と言おう」と提唱しています。

弁護士は戦術のひとつとしても裁判の進展を遅らせます。まして依頼人が被告の場合、それは裁判の定石でもあるのです。

原告は勝算があるからこそ訴訟を起こすわけで、売られた喧嘩を意気込んで買って、負けを急ぐ必要はないのです。遅らせることによって原告側を苛立たせ、心理的に圧迫を加えることもできます。さらに裁判が遅れるということは、それだけ費用もかさむことなので、特に原告が十分な財政的基盤がない場合、訴えてはみたものの示談を急いでくる場合も多いのです。

こうなると、被告にとって裁判の遅れは特別有効な武器となるわけです。時間を稼いでいるうちに、思わぬところから原告の弱みを発見するかもしれません。遅らせて様子を見ていれば、負けそうな喧嘩も事情が変わって勝てるかもしれないのです。それほど運が良くなくても、裁判の遅れは、少なくとも依頼人の罰金支払いを遅らせるという利点があります。

社会の負担となる司法関係費用

アメリカでは、訴訟費そのものだけでなく訴訟を回避するため、あるいは訴えられた場合の準備として、現在莫大なお金が使われているという事実も問題視されています。その例としてあげられるのが、「ライアビリティ」と呼ばれる損害賠償保険です。

ライアビリティ保険で一番有名なのは医者の不正療法保険ですが、アメリカのような訴訟社会に生きていると、医者でなくても、いつ何で訴えられるか分からないのが現実です。悪質な事件など起こさなくても、アパートの大家が借家人から、大学が学生から、個人事業主が社員から、道路工事を請け負った建設会社が現場でころんだ老人から……と、損害賠償を求めて訴えられることは日常茶飯事です。そこでごく一般の人まで、たとえ少しでも財産と呼べるものを持ち幅広い活動をしている人は、訴えられて財産をすべて持っていかれることのないように、ライアビリティ保険をかけるのが普通になっています。

しかし、ここでちょっと考えたいのは、そのようなライアビリティの保険料はどこから出てくるのだろうか、という疑問です。当然それは消費者が支払う医療費、授業料、手数料、家賃などに、直接間接に組み込まれているはずです。つまりその費用は、利用者のポケットから出ているのです。

ここで訴訟社会の現状を端的に表している身近な事件に触れてみます。

大学病院で接骨医をしている私の友人が、裁判所から、専門家として裁判で証言してほしい、という依頼を受けました。それは、ある小学校が、子供の勉強する機会を奪ったという理由で生徒の親から訴えられた裁判でした。

なぜ勉強を教えるはずの学校がまるであべこべの理由で訴えられたのかというと、足の骨を折って松葉杖で登校した生徒を、「完治するまで学校を休むように」と家に帰したからなのです。接骨医である友人は、その子供の骨折の状態が授業を受けるのに支障があるのかどうか、と意見を求められたのです。

日本の母親が聞いたら目を丸くしそうなことですが、米国社会の状況を知る人には、小学校の言い分は全く納得できないものではありません。というのも、子供のことですから「けがをしているのだから、静かにしていなさい」と言ってもきかずに、校内で他の子供と暴れて、またけがをするかもしれません。そうなると学校は、監督不行き届きで親から訴えられる可能性があります。だから学校は訴訟の予防手段として、その生徒を帰したという次第です。皮肉にも訴訟を避けるためにとった処置が、反対に訴訟を生む結果になってしまったのです。

　またアメリカではほとんどの病院が、間違って不祥事が生じたときに患者や家族から「あの時あの検査さえやってくれたら」と非難されるのを避けるため、患者の病気とは直接関係のない検査まで、あれこれ受けさせているといわれています。

　かつてハーバード大学の法学部が医学部と共同で、不必要な検査のためにどの程度のお金が浪費されているかを調査した際、アメリカの医療産業全体で年間約50億ドルが無駄に使われている、という結果が出ました。

　最近、このような出費はアメリカの社会にとって大きな負担であるだけでなく、産業の発展を脅かし、ひいては米国経済の国際競争力低下の遠因になっている、と警告する人々が出てきました。もとコロラド州知事で、現在はデンバー大学の「法律と現代の問題センター」の理事、リチャード・ラムもこうした意見を持つひとりです。ラムは、医療分野の浪費だけを見ても、実際の額はハーバード大学が出した数字よりずっと多く、多分２００億から３００億ドルに達するだろうと推測しています。

V　調停の有利な点は？

若い2人の再出発

ニューヨークで劇団を経営する若いカップルがいました。その劇団は、物価の安いハーレムの中にあり、コロンビア大学に近いという土地柄、周囲には芸術を愛するインテリがたくさん住んでいました。彼女自身は女優の卵で、彼は劇作家兼演出家。なかなか才能のあるカップルで、小さいながら意欲的で質の高い芝居を見せ、旗揚げ後4年、決まったファンもできていたのです。もちろん、私もそのファンのひとりでした。

しかし何といっても個性の強い2人のこと、しかも4年目といえばお互いの性格の違いが鼻についてくるころです。2人の場合その性格の違いは、お互いの芝居のセンスの違いとなって表れてきました。彼はどちらかといえば、軽くて人情味のある楽しい芝居を書きました。ところが彼女は、重厚な文芸ものが好きだったのです。これでは妥協の余地がありません。2人がそれぞれの主張を通していたので、私たち観客は、毎月シリアスな芝居とコミカルな芝居を交互に見せられたものでした。

劇団を維持するために、彼女はふたつの事務所で毎日12時から5時までアルバイトをし、朝は劇団の経理事務に費やし、夜は夜でステージ作り、オーディションの実施、宣伝活動に駆け回っていました。忙しさでは彼の生活も負けてはいません。劇団で上演する芝居の脚本を書くほか、ふたつの大学で講師として英文学を教え、そのうえ幼稚園で作文指導までしながら劇団を支える費用を作り出していたのです。

しかし運営費はそれでも十分ではありません。資金集めのチャリティー・パーティーをはじめ、暇な歌手や俳優を駆り出して、劇場でキャバレーまでやりました。

そのような劇団経営の重荷もあったのか、やがて2人の仲は決定的に壊れ、結局別れることになりました。と同時に劇団も解散するはめになり、その後始末がまた大変でした。

本人同士の感情的対立に加えて、2人のアパートと劇場、大小の道具類、家具、そして借金の整理をしなければならなかったのです。

もちろんそのために弁護士を雇う余裕などありません。たとえあったとしても、まだ若い2人は、一刻も早く始末をつけて再出発をするためにも、裁判などで長い間煩わされたくなかったのです。

そこで、ある大学の法学部が行う無料の調停サービスを受けることにしました。週1回、合計5回の調停を受け、2人の関係に終止符を打ちました。劇団の後始末もすべて調停で決着がつきました。もし裁判になった場合、2人が払ったかもしれない額は最低1人5000ドル、合計1万ドルにもなったでしょう。

このケースからも分かるように、調停の利点といえば、真っ先にあげられるのが手軽さです。手軽さとは、安い、早い、という意味ですが、調停の良さはそれだけではなく、協調的で主体性があり、プライバシーや企業秘密の保持もできることです。

時間の節約

現在、米国における民事裁判の遅れが問題視されています。特に遅れがひどいのは全米で最大のロサンゼルス裁判所で、民事の陪審員裁判では平均59カ月、約5年にもなっています。全米では70万人の弁護士が、毎年平均20万件の訴訟を起こしており、月曜から金曜日までの1日平均数は、何と766件。それだけでも全く気の遠くなるような数字ですが、それに国民の祝日で裁判所が閉まっていたり、裁判官の個人的な休暇も計算に入れると、実際に裁判所が1日に取り扱う件数はずっと多くなるはずです。

こうした裁判所の混雑を反映してか、現実には訴えを起こしたもののすべてが裁判までいくことはありません。かつてニューヨーク州で実施された調査によると、約88％のケースが裁判を待つ間に和解された、と報告されています。

最近でも、この傾向は増えこそすれ減っていませんが、それでも裁判の絶対件数が現在の裁判所の能力をはるかに上回っているのは間違いありません。

ニューヨーク州では、民事裁判1件に裁判長が費やす平均時間は、たったの17分です。

このような裁判遅滞の深刻さは刑務所不足と同様に、アメリカ国民の大きな不安材料となっています。

ところが調停を使うと、裁判とは比較にならないほど時間を短縮することができます。調停の必要時間は、そのケースの規模によりひと言では言えませんが、普通は長くてもせいぜい2～3カ月くらいです。

調停で時間が節約できるのは、協議の開始と同時にすぐ本題に入るからです。反対に裁判では、勝つために弁護士がいろいろ策を練り、裁判が始まっても決定的な証拠を最後までとっておくとか、回り道をすることがあります。その点調停では、調停者は当事者から事件のあらましを聴いた直後、双方が相手から何を期待するのか、相手にどうしてほしいのかを率直に尋ねます。そうして両者の希望が出たところで、2人の妥協点を探る作業に入るのです。

もし調停で時間がかかるとすれば、それは調停者が忙し過ぎることかもしれません。評判のいい調停者は、3カ月先まで予定がびっしり詰まっていることがあるからです。ですから、調停でまず必要なことは、自分が希望する調停者の都合をチェックすることです。もし希望の調停者が忙しい場合、当事者たちは、その人の予定が空くまで待つかどうかを決め、もし待ちたくなければ他を探せばいいわけで、裁判のようにいたずらに待たされるということはありません。

また調停の協議がダラダラと続くのを避けるため、当事者は開始前に、例えば1日5時間、3日間の協議、それで解決できなければ裁判所に行く、というように時間を区切ることが普通です。

安上がり

時間がかからないということは低費用につながりますが、実際には調停と裁判の費用の比較を正確に行うのはほとんど不可能です。というのは、調停を行えば調停の実費は出ますが、その事件が裁判で裁かれた場合の費用がどのくらいかかるのかは、想像でしか測れないからです。

ここではひとつの目安として、調停と裁判の費用の比較を述べてみます。アリゾナで1993年に汚水処理場の建設をめぐって、工事の発注者と請負業者との間でトラブルが発生しました。当事者は、裁判ではなく調停で解決を図ることに決めました。

この事件は、調停の申し込みから合意書のサインまでに要した日数はたったの3週間、しかも調停そのものが行われたのは1日で、すべてが解決されました。かかった費用も1万ドルたらずで、これは当事者双方が半分ずつ負担しますから、各自が実際に払った額は5000ドルという計算です。もし同様の事件が裁判で裁かれたとして、その必要日数は最低3年、その費用は少なくとも30万ドルと見込まれています。

また、調停が裁判に比べてどれほど安上がりかを描いた本が、1984年に出版されています。調停者のフレッチャー・ネベルが、ジャーナリストのジェラルド・クレイと共同で書いたもので、題名はズバリ、『訴訟を起こす前に』と付けられています。本の中で描かれているストーリーは、もちろんフィクションです。しかしネベルの経験に基づいてクレイが書いたものなので、真実味は十分あります。

内容は、調停のケースも裁判のケースもほぼ同じで、同族会社の仲間割れを扱っています。被害者は両方とも女性で、金持ちの職業婦人によくあるように、トラブルが持ち上がるとすぐ、相談のために弁護士を訪れます。その結果、一方は弁護士に説得されて調停を受け入れますが、他方は弁護士と意気投合し、自分をクビにした義弟と彼の仲間に一泡吹かせようと勢い込んで、450万ドルという巨額の損害賠償を求めて裁判を起こすという設定です。

話の進展に合わせてネベルとクレイは、その都度それぞれが使った時間と費用を詳しく数字で示し、読者に調停と裁判とをじっくり比較する材料を与えてくれます。

『訴訟を起こす前に』によると、調停でかかった費用の総額は、調停当日の弁護士への礼金として2400ドル、調停者へ2日間の調停料として1200ドル、調停を斡旋してくれた団体へ手続きと会議室使用料として650ドル、その他に調停をする前の弁護士の相談料3300ドル、合計すると7550ドルで、かかった日数は6週間と4日でした。

反対に裁判になったケースでは、必要日数が何と4年5カ月と8日、経費の総額は6万

１３２４ドル50セントと出ています。

ところが、そこに示された訴訟費用の明細を調べると、依頼人が直接見聞きしない支出が実に多いのです。４年５カ月の間にかかった電話料の総額３２１１ドルはまだ納得できるとしても、総費用の中で依頼人が直接弁護士と話し合った相談料は１９８７ドル、裁判所に支払った手数料は何と１５９ドルだけだったのです。残りはすべて証拠集め、証拠調べ、訴訟手続き書類の作成（アシスタントの下書きと弁護士の手直しの両方を含む）、私立探偵・秘書のサラリー、証人捜し、証人との相談、証人への謝礼、相手側弁護士との相談といった弁護士の活動費用なのです。

『訴訟を起こす前に』が出版されてかれこれ10年になりますが、裁判費用のほとんどが弁護士料と弁護士の活動費用であるというネベルとクレイの計算は、現在でもあまり変わっていないようです。

ランドコーポレーションというワシントン在住の団体が、最近、発ガン性のある建築材料アスベストをめぐる裁判を材料に、裁判の総費用の中に占める弁護士料を調べました。

その調査でも同様の結果が出ています。ランドコーポレーションの調査によると、被告が支払った訴訟費用総額のうち、62%が弁護士料（原告側弁護士へ25%、被告側弁護士へ37%）だったのです。

またウイスコンシン州で行われた民事裁判に関する調査でも、損害賠償額が1万ドルの裁判では、原告被告の両者が使う平均訴訟費は、原告が3300ドル、被告が8500ドル、合計1万1800ドルという数字が報告されています。

調停料の計算の仕方

これも一般論で表すことは難しいのですが、調停では、ほとんどの人が1時間単位、あるいは1日単位で料金を請求しています。その額は、1時間50ドルから150ドル、1日700ドルから1000ドル程度です。

大規模な商業調停の場合、調停される金額によって調停料も決められることもあります。個人のケースは、企業やコミュニティーのケースの料金より安くしている調停者もいます。

会議施設を借りた場合は借用料が加わりますが、調停の料金は特別の取り決めがない限り、勝敗に関係なく双方が二分することになっているので、実際にひとりの当事者が支払う額は半分になります。

そのほかにも、政府や地方公共団体が運営する公共機関のほとんどが、手数料以外は無料で、あるいは手数料さえもとらずに調停のサービスを提供しています。

主体性を重んじる

時間と費用の節約のほか、調停には当事者の主体性を重んじるという利点があります。調停の第一歩は、当事者双方が自分たちでトラブルを解決しようと決めることから始まります。つまり、「調停を受ける」と決めることが調停の前提条件で、当事者のどちらかが調停に反対すれば、調停は成立しないことになります。

そもそも調停をやろうと決めること自体が主体性のある行為ですが、その後も調停者の選考から手続き、時間・場所の決定、証拠の収集まで、すべて当事者が先に立ってやらなければなりません。そのうえ、調停では相手と協議するのも当事者自身であり、弁護士ではないのです。

主体性は、時間や費用のようにその効果を数字で表すことはできませんが、調停にとっては最も重要な要素です。

人間とは不思議なもので、他人に強制された妥協は大嫌いなくせに、もしそれが自分自身が行った協議の結果なら、案外無理なく受け入れられるものです。罰金についても同じことがいえます。調停が当事者同士の直接交渉を強調するのはそのためで、自分が直接話し合って決めた解決法だからこそ、それを遵守する気持ちが生まれるのでしょう。このことは、調停で約束された和解は裁判で言い渡された判決より履行率が高い、という調査結果からもはっきり証明されています。

メイン州では、調停と裁判の後、被告が決められた賠償金を支払うかどうかの追跡調査を行いましたが、調停・仲裁では当事者の71%が全額を支払ったのに比べ、裁判では被告の34%にとどまっています。またニューヨークでは、暴力をふるった被告の態度が改まったかどうかを追跡調査した結果、調停を利用した人の62％に改善が見られ、それは裁判の40％をはるかに上回っていました。

ここで強調したいのは、調停での調査結果に表れた数字は、法的拘束力を持たない調停の決定に、当事者が自主的に従ったものだという点です。ただし、お互いが合意し、合意書が作成されてサインをした場合は、拘束力を認められています。

調停が持つ当事者の主体性を大切にする姿勢は、アメリカの伝統である自主独立の精神とうまく合致しています。家を建てることから、壁のペンキ塗り、車の整備など、何でも自分でやるのが大好きなアメリカ人にとって、調停で他人と交渉したり議論したりするのは、あまり苦にはならないのでしょう。かえって、弁護士が使う訳の分からない法律用語や手続きに悩まされることもなく、裁判所のものものしい様子に圧倒されて弱気になることもない、と喜ぶアメリカ人が多いのです。

こうした意見の持ち主は、マイノリティー（黒人、ヒスパニック、アジア系アメリカ人）に多いのですが、彼らの中には、「調停によって社会に本当の正義が取り戻せる」と期待する人もいるほどです。彼らの期待は多少大げさに聞こえますが、〝白い牙城〟という言葉が生まれたほど、米国の司法職は最近まで白人に独占されていた事実を思えば、マイノリティーの調停に対する強い期待も全く理解できないことではありません。

ところがそういった意見を耳にしてか、今度は反対に、調停を貧しい人のトラブル解決法と見る人たちもいるようです。

プライバシーが守られる

自分が実際に裁判に出頭すると考えただけで、胃がけいれんするような嫌悪感を抱く日本人も多いでしょう。争い事とは、たとえそれが内輪の喧嘩で、他人の耳に入る心配がないといっても、その不愉快さには変わりありません。

ましてそれが、裁判所という公の場で行う喧嘩ならなおさらです。隣のAさんはどう思うだろうか、友人は分かってくれるだろうか、会社の同僚や上司の反応は……と訴えを起こしたその日から、毎日ひやひやして過ごさなければなりません。自分が絶対正しい、勝訴すると確信していても、他人の噂になる不愉快さはまた別のものです。その嫌悪感はアメリカ人でも少しも変わりません。裁判はなるべく避けたい、とほとんどの人が思っているのです。

裁判がもたらす不愉快さはそれだけではありません。証人席で相手の弁護士の意地悪な質問にも答えなくてはならないし、証拠集めでは痛くもない腹を探られることもあります。離婚訴訟の場合はもっと深刻です。特に浮気相手の発見は、それが離婚の直接原因でないときでも、裁判の行方や慰謝料の額に重大な影響を与えるため、夫も妻も探偵を雇って相手の後をつけさせ、火遊びの究明にやっきになります。

そこで、ペリー・メイスンのような辣腕弁護士が、原告被告を問わず、過去から現在までのプライバシーを微に入り細をうがって全部探り出してしまうのです。このような行為は「ディスカバリー」と呼ばれています。

その点調停では、ケースの秘密は固く守られるので安心です。そもそも調停は裁判と違って非公開で、ディスカバリーもありません。ケースにかかわる人数が極端に少ないので、秘密のコントロールが容易にできるのです。そのうえ、調停の実施前には関係者間で、もし和解が不成立でも協議の内容は一切他言しないことを約束するのが普通です。また調停不成立で裁判になっても、調停者は証言を拒否することができます。そればかりでなく、調停者は協議の後、自分のメモを破り捨てるのが習慣になっているほどです。

このように秘密保持の姿勢が強いのは、それなりの理由があります。調停では、当事者が本音でものを言うかどうかが成否を左右する重要な要素なので、会議室内で話されたことは絶対他に漏れない、という安心感を当事者に与えることが何より必要なのです。そういう状況のもとでこそ初めて、当事者が本音で話す気になるからです。調停者も調停の始まる前、お互いに本音を言って、相手の言い分を素直に聴くよう当事者にアドバイスするのが決まりです。

VI 調停の基本理念は?

三角関係

人妻の浮気が原因で2人の男性が道路でつかみ合いの喧嘩をし、警官が呼ばれたケースがありました。

そのうちのひとり、夫のほうは、事故に遭って以来、身体が不自由になったそうです。その不自由な身体で、彼は早朝妻の後をつけ、彼女の車に乗り込んだ若い男に殴りかかったのです。愛する妻を奪われ、よほど悔しかったのでしょう。

調停の席でも彼の怒りは収まっていません。協議が始まると、やはり興奮を抑えきれなくなったのか、彼はテーブルの端を両手でつかみ、やにわに立ち上がりました。そして怒

りに目をギラつかせながら、

「そいつは俺の女房を寝取ったんだ。刑務所に入って当然の男なんだ。刑務所でもどこでもいいから、今すぐ俺の目の前から消えてしまえ」

と叫んだのです。顔色は青く、テーブルをつかんだ手はブルブル震えていました。

昔は貧しかったけれど何も問題はなかった、と彼は言います。ところが今では、彼の妻は子供を連れて実家に戻り、離婚話が出ています。「それもこれも、お前が女房の前に現れたからなんだ」と、目の前に困ったような表情で座っている男性を、遠慮会釈なく罵ります。

恋敵の男性はと見ると、彼はいかにも居心地悪そうに、しかし卑屈な様子など少しも見せずにじっと罵倒を聴いています。やがて彼の説明を聴く番が来ました。彼はいともあっさりと2人の関係を認めました。

半年前、彼の勤める会社に、事務員として彼女が入社すると同時に2人の関係が始まったそうです。

たんたんと説明を続ける彼の態度には、何となくすがすがしさも感じられるほどです。彼は相変わらず間の悪そうな表情を浮かべながら、それでもはっきりと、「確かに奥さんと関係したのは悪かった。しかし自分も独身だし、彼女も結婚に失敗したと言っていたから、それほど悪いことだとは思わなかったのだ」と話し始めました。「奥さんとは遊びだった、と言うつもりはないが、結婚している女性を夫から奪うつもりなど毛頭なかった。その証拠に、彼女の夫が車に乗り込んで来た朝以来、ピタリと彼女と会うのはやめている。すぐ上司に相談し、彼女と顔を合わせなくて済むように、職場も変えてもらった。この仕事は、自分が生まれて初めて手にした人並みの仕事なのだ。給料が良いだけでなく、保険も年金もある。こんなに満足のできる仕事を失いたくない。今、ここで訴訟ざたを起こしたら、職を失ってしまう。どうかそれを分かってほしい」

彼の説明は十分納得がいくものでした。

一方たとえ浮気をしたといっても、妻の気持ちも分からないではありません。2人の幼児と一日中家にいる夫の世話で、彼女が息も詰まりそうな気持ちになったことは容易に想像できます。私には、彼女が幼児を母親に預け、働きに出たのは責められないような気がしました。そこでハンサムで若い独身の男性に会い、ついその気になったとしても、当然のことのようにも思われたのです。

この三角関係では、若い男性に罪はありません。夫婦のトラブルは、夫がけがをしたころから始まっているはずです。健康な若い男性に殴りかかるほど夫を追い詰めたのは、身体が不自由になったばかりか、妻の愛まで失った結果の絶望と思えます。

しかし彼はそれを認めたくなかったのです。プライドが高い人に多くみられるように、彼は自分の障害を認めず、反対に怒りをぶつける犠牲者を探していたのかもしれません。それでなくても働き者で家族を愛していた男にとって、自分が事故に遭い、一家の長として家族の面倒をみられなくなった事実を認めることは、つらく苦しいことだったに違いありません。

何とか彼に冷静さを取り戻させ、相手の男を刑務所に入れたいという彼の主張がいかに理不尽なものかを分かってもらわない限り、トラブルは解決できません。

そのとき私は、先輩の女性調停者と一緒に調停を行っていました。私が行き詰まったのを素早く見て取った先輩は、意外にも私と若い男性に席を外すようにと告げたのです。30分ほどすると、彼女は私だけ調停室に呼び入れました。ふと見ると、夫は立ち上がって壁により掛かっています。驚いたことに彼の表情もなごみ、目許には涙の跡さえ認められました。心なしか部屋の中の空気も、前ほど緊張していないように感じられました。

先輩は「彼が和解に合意した」と、いつもの静かな調子で言いました。2人の男性が去った後、私は先輩に「何を彼に言ったのか」と聞きました。

「夫婦生活のことよ。若いあなたの前では、彼は決して本当のことを言わないと思ったから、あなたにも席を外してもらったの。どう、年を取っているのもまんざら役に立たないわけではないでしょう。こういうデリケートなことも聞けるのだから……」

と言いながら、彼女は笑っています。

彼女は夫に、夫婦のトラブルの本当の原因は、彼の事故とその後の生活の変化であることを説明しました。もし夫婦生活がやっていけないのなら離婚は避けられないが、支障がないのならまだ望みはある、と彼に説いたのだそうです。夫婦の生活に支障がなければ、彼はもう一度妻に戻ってくれるように頼み、2人で結婚相談を受ければいいのです。彼女が後者を勧めたのは言うまでもありません。

裁判は逆効果

アメリカの刑務所や裁判所が混雑していることは前にも書きましたが、それを解決するためには刑務所を増設し、裁判官を増やせば済むことです。このように裁判に関する問題が単に時間や数の面だけなら、アメリカ人は不平を言いながらも我慢し、新しい解決法を求めることはなかったかもしれません。良識あるアメリカ人を決定的な裁判不信、裁判離れに追い込んだのは、裁判そのものが持つ敵対的姿勢だったのです。

訴訟を起こすということは、トラブルの相手を強引に法廷に引きずり出す手配をすることです。つまり、既に裁判の手続きが行われた時点で、原告被告両者の心に敵対感情が宿ってしまうことを意味します。

それに加え、両者の心に重くのしかかるのが裁判の勝敗です。普通、訴訟費用は負けたほうが全額負担することになっているので、その負担の大きさを考えても、絶対に負けるわけにはいかないのです。そこで両サイドの弁護士は勝つために、実に念入りな準備と研究を重ねることになります。ところが、この準備活動はすべて、相手の欠点をより多く暴き、自分の正当性を強調することだけに焦点が当てられるため、両者の敵対意識はますます悪化し、両者が裁判所で顔を合わせたときには挨拶さえしなくなるほどです。

裁判にならないまでも、子供のいない夫婦の平凡な離婚協議が、10年、15年と続くのも珍しくありません。最近ニューヨーク近郊では、離婚に合意した夫婦が、かなり長い間同じ屋根の下で住んでいるのに出会うことがあります。財産の分割が終わる前に家を出ると、その家をそっくり相手に取られてしまう危険があるからで、取られないまでも家を出たら最後、鍵を取り換えて、服も自由に取りに帰れなくなる恐れさえあるのです。こうしたことが起こるのを避けるため、弁護士は前もって家を出ないようにとアドバイスします。

反対に、何年も別居していた夫婦がやっと離婚に合意した途端、2人とも家に戻ったという、何かあべこべのような話も聞きます。もちろんそれも家や土地の分割を考慮してのことで、その家に住んでいるということは、それだけ多くのものが請求できると考えられるからです。しかし、もう愛情の冷めてしまった相手と、たとえ期限付きでも、同じ家で暮らし毎日顔を合わせるのは、さぞかし神経の疲れることでしょう。

調停はハッピーエンド

「敵対（Confrontation）でなく和解（Conciliation）を」という調停のスローガンがいみじくも示すように、調停の概念とは、「たとえそれが善悪を決めるための裁判であっても、人間同士対立するのは、もういい加減でやめよう。相手の立場を尊重し、相手の身になって問題を考え、胸襟を開いて話し合えば、訴訟など起こさなくても問題は解決できるに違いない。また、そうすることによって初めて、傷ついた人間関係も癒すことができるはずである」というものです。

例えば人種間の偏見は、今日のアメリカ社会をいたずらに複雑にし、さまざまなトラブルの原因となっていますが、それを解決するために差別主義者をどれほど刑務所に送ったところで、それは本当の解決にはなりません。また次の差別主義者が現れるだけだからです。やらなければならないことは、差別の意識を人々の心から消すための努力ですが、それには敵対的な裁判ではなく、和解を促す調停のほうが向いているのは明らかです。

現代の社会では、裁判が法律の定める唯一、かつ強制力のあるトラブル解決法と認められています。ですから私たち市民は、何かあったら訴訟を起こし、裁判所でその是々非々を判断してもらうのが通常のやり方です。

しかし裁判が社会に存在する唯一の正式なトラブル解決法ということは、裁判は争いを解決する最終手段と考えるべきで、その最終手段を行使する前には、話し合いや調停といった和解のための可能性がもっと真剣に探られるべきではないでしょうか。

こういう考え方から、昔ながらの調停が再発見されました。今から約30年前、アメリカ人は調停を使って、市民間のトラブルをもっと平和的に解決することはできないかと考え、その方法を模索し始めたのです。

「対立する人々にもっと話し合いの場を」というスローガンの下で最初に設立されたのが、司法省コミュニティー関係サービスという部門です。１９６４年の公民権法成立と同時に、人種問題が原因で起きる市民のトラブルを話し合いで解決しようという目的で、司法省の管轄下に設立されました。

やがて70年代に入ると、話し合いで市民のいさかいを解決する姿勢を支持するアメリカ人の数は、確実に広がっていきました。

１９７７年、グリフィン・ベル司法長官は、試験的にアトランタ、カンザスシティー、ロサンゼルスに、トラブルを裁判所に代わって解決する機関として地域のジャスティス・センター（司法センター）を設立し、一般市民のトラブルを解決するために調停がどれほど役に立つかを調べることにしました。結果は予想をはるかに上回り、センターには15カ月間に３９４７件の揉め事が持ち込まれ、和解率は82％にも上ったのです。

この結果に刺激を受けた議会は、１９８０年には同じような目的のトラブル解決センターを全国に発展させるための法案を可決し、カーター大統領は同年2月12日、その法案に署名しました。続いて91年にはブッシュ大統領も、連邦政府職員が関係する職務上の問題はすべて、訴訟を起こす前に話し合いで解決を図ること、というエグゼクティブオーダーを発令しました。現クリントン政権も調停を強く支持していますが、そうした姿勢は、ハイチ派兵の直前にカーター元大統領を特使として送り、ハイチの軍事政権と話し合ったという実例からもうかがえます。

こうして公的機関の設立や法案の決議とあいまって、調停の良さが徐々に人々の間で見直されてゆきました。

調停が目指すものは、スローガンでもはっきりと謳《うた》っているように、話し合いによる和解です。調停で解決しようと合意した時点で、当事者双方の心に相手に対する協調性が芽生えるのも当然のことで、その気持ちを下地にして、調停では和解に向けて方策を話し合うのです。両者の誤解や悪感情が減少しないはずはなく、調停の協議が終わったら双方がすっかり仲直りをしていたということも珍しくありません。

調停の専門家たちは、肩を怒らせ、そっぽを向きながら会議室に入ってきた2組の人々が、協議後には笑顔で握手をして去るのを見届けるときに、「調停の醍醐《だいご》味《み》を感じる」と口をそろえて言っています。

トラブルは豊かな人間関係をつくる

調停が昔ながらの当事者間の単純な協議、あるいは年長者や権威者による妥協の勧めにすぎないものなら、争いの解決など到底期待すべくもありません。そこで調停が本当にアメリカ人のトラブル解決法として受け入れられるためには、現代社会における調停の意義、調停者の役割の理論づけなどが、新たに研究されなければなりませんでした。

現代調停の研究でまず気がつくことは、トラブルに対するアメリカ人の姿勢の変化です。「争いを恐れてはいけない。争い事こそ我々に人生の不備を教えてくれるものであり、それをうまく解決することによって、より豊かな人間関係を築き上げ、充実した人生を送ることができるのである」。

これは労働仲裁の専門家だった私の主人、エドワード・レビンが著書の中で書いている言葉です。

人間が人間であり続ける限り私たちの心には誤解が生じ、その結果、社会から争い事はなくならないし、他人とのトラブルも避けられません。それならば、それを嫌って避けようとするのではなく、むしろ争い事も人生の大切な一部として素直に受け入れ、今度はそれを少なくするために努力をすれば良いのではないか、という考え方です。そうすることによって、トラブルや迷い事も、私たちに人生の豊かさや面白さを教えてくれるありがたい材料となるのです。

調停は将来、米国の司法制度をしのぐ紛争の解決法になるのではないかと期待する関係者もいます。その根拠は、裁判では決して見られない人間と人生に対するポジティブな姿勢にあるのです。

八方丸く収めたい

争い事に対する姿勢だけでなく調停の目的そのものも、昔とはだいぶ違ってきました。

現代の調停の目的は、「ただ単に当事者を和解させることではなく、双方が満足できる和解策を見つけ出すこと」と定義されています。

読者の中には、そんなパーフェクトな解決策など本当にあるのだろうかと首をかしげる人も多いことでしょう。そもそも利害が深刻に対立しているから喧嘩が起こるのであって、それがそんなに簡単に和解できるものなら、争い事などはじめから起こりはしない、という反論もあるに違いありません。

しかし調停の専門家たちはそろって、「それは可能性である」と断言しています。解決策を生む鍵はいろいろありますが、そのひとつは当事者同士が妥協を避けることです。妥協を避けるというと、もし和解が妥協の産物でなければ何なのだ、と反撃されそうですが、この妥協を排する姿勢こそ、現代の調停が昔の調停と完全に異なる点なのです。

調停は洋の東西を問わず、昔から親しまれた揉め事の解決法です。現在でも中国では、かなり広く行われています。昔の旧式の調停は、一家の長、町の有力者、神父、寺の住職といった権威者が頼まれて行ったことが多かったようです。

こうした権威者の仲介は、当事者の立場からすると都合が良いようで、実は大きなマイナス面もあるのです。なぜなら、権威のある人の意見には表立って反対しにくいもので、当事者としては解決策には納得できないものの、間に入った人の顔を立ててつい妥協してしまうというきらいがあるからです。無理のある妥協には、それを強制された側の心に不満を残し、将来同じ問題がぶり返す危険をはらんでいます。

そこで、妥協を避け、対立している2組の人々に望むものを手に入れさせることが大切なのです。このような調停の目的は一般に、「ウイン－ウイン(Win-Win)・リソルーション」と呼ばれ、エドワード・レビンは上記のような表を用いて分かりやすく説明しています。

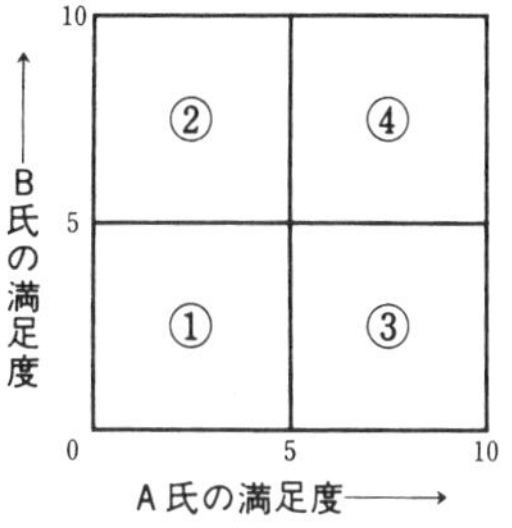

図の中で、横線はA氏の、縦線はB氏の満足度をそれぞれ表し、数字が大きければ大きいほど満足度も高いことを意味しています。

もし和解が成立しても、その内容に対してAB両氏の満足度が極めて低い場合、例えば、1と1などでは交渉の結果は箱①に入り、交渉は失敗と考えられるのです。箱②はB氏の要求だけが受け入れられて解決した場合を表し、反対に箱③はA氏の要求だけが通ったケースです。箱②と箱③で表される結果はウイン‐ルーズ（Win-Lose）と呼ばれ、法廷裁判は、このウイン‐ルーズを目的としているのです。双方が妥協して、どちらも欲しいものを手に入れられなかった場合は、真ん中の5の線で表されています。

最も理想的なのは、もちろん両者の満足度が10と10で、箱④に入る場合です。このような状態がウイン‐ウイン・リソルーションです。

ウイン‐ウイン・リソルーションを手に入れるには

ウイン‐ウイン・リソルーションの概念は理解できても、次にどうしたらそれを手に入れられるのだろうか、という疑問が出てきます。調停と仲裁の専門家であるトム・コロシは、ウイン‐ウイン・リソルーションに至る道を、トラブル発生のメカニズムの解説を通して分かりやすく教えてくれます。

コロシによれば、ウイン‐ウイン・リソルーションとは環境の再設定を行うことです。例えば日米の企業2社が合弁会社を創設し、共同事業に入ったとします。その時点で両社は、その合弁会社をめぐる環境の設定をしたわけです。トラブルとは、その環境に何らかの変化が生じたことが原因で、関係者の利害に変化が起こったことと考えられ、そのトラブルを取り除くためには環境の設定を新しく行い、利害関係を再調整すれば良いのです。そこで環境再設定のための交渉が必要になってきます。

ところが、環境再設定のための交渉は、口で言うほど簡単ではありません。私たちは概して環境の変化に弱いもので、変化についていけないだけでなく、変化が起こったことさえ気がつかないことが多々あります。そして物事が思うように進まないといっては苛立ち、やみくもに自分の立場の正当性だけを主張しがちになります。

そこで調停では、当事者双方に相手の主張を聴かせることによって、環境が変わったことに気づかせ、さらに環境再設定の必要性を悟らせるのです。これは三角関係のケースで、夫に自分の身体が不自由になったことを受け入れさせ、環境の変化を悟らせたことがケース解決の鍵だった、という事実からも分かるでしょう。

環境を再設定するための交渉では、どちらが良いか悪いか（ポジション）といった主張ではなく、新環境を取り巻く要素または利害（インタレスト）が話し合われなければなりません。前述の三角関係でウイン－ウイン・リソルーションが成立したのは、夫のほうが、相手の男性を非難すること、つまりポジションを主張することをやめ、妻と話し合うことを認めたからです。

老人と娘の葛藤

協議の内容がポジションからインタレストに移ることによって、人々の気持ちがどのように変化するかを伝える例として、80歳を超す父親と娘の争いを紹介します。

その老人は奥さんに先立たれ、独り暮らしをしていました。彼は農業をやっていましたが、身体の自由がほとんど利かなくなったので、娘の勧めで仕方なく老人ホームに入りました。しかし彼は老人ホームを嫌い、周囲の人に乱暴な言葉を投げかけたり、規則を破ったり、迷惑ばかりかけていました。手に余った老人ホーム側はついに娘を呼び、彼が態度を改めないかぎり強制退院させる旨を伝えてきました。娘は父親と何度か話し合いましたが、態度は一向に改まりません。最後の手段として2人は、老人ホームの紹介で調停を頼むことになったのです。

調停ではっきりした娘と老人のポジションは次のとおりです。

彼は老人ホームが嫌いで、自分をそんな所へ入れた娘に怒りを感じていました。だから老人は、乱暴を繰り返すことによって娘を困らせ、老人ホームから追い出されることを密かに期待していたのです。娘は娘で、老人ホームを嫌う父親を持て余していました。娘にすれば、身の回りの世話ができなくなった父親のために、やっと手配した老人ホームなのに……という気持ちがあります。

2人の不満のやりとりを聴いていた調停者は、2人の心に秘められた別のインタレストを聴き取っていました。彼は老人ホームに不満なのではありません。自分の死が近いことを悟って、できたら自分の家で死にたいと願っていたのです。その家は祖父が建て、父親も自分も育った家です。亡くなった妻と暮らした、楽しい思い出のある家なのです。

一方、娘は父親の身を案じていました。老人の独り暮らしは不自由に違いないし、何か起こってからでは遅過ぎます。かといって、2人の子持ちで共稼ぎの彼女は、父親を毎日見舞う時間などないことは明白でした。

娘のインタレストは、父親の生活の便利さと身の安全という実際的なものでしたが、老人のそれはもっと精神的なものだったのです。2人のインタレストの質が違っていることに気づかず、2人がお互いを非難し合っていたことが簡単に仲直りできなかった原因と分かりました。そこで親子が仲直りするためには、お互いのインタレストの違いを認め、2人のインタレストが満たされるような環境を考え出すことが必要になったのです。

話し合いの末に親子がたどり着いた解決策とは、娘は父親がひとりで暮らせるように家を整理し、父親を元の家に戻す、というものでした。その結果、2階にあった老人のベッドは階下に下ろされ、電話や身の回り品もすべて、すぐに老人の手が届くように彼の部屋に集められました。週1回、ソーシャルワーカーも頼むことにしましたが、その日以外は不自由でもひとりで生活しなくてはなりません。夏の間は、娘の子供2人が老人と暮らし、農業を学ぶということになりました。

当事者同士が協力

私が扱った中に、厳密な意味ではウイン－ウイン・リソルーションではないのですが、我ながらよくやったと、思い出すたびにニンマリしてしまうケースがひとつあります。そのトラブルは、アパートの上下階に住む住人の争いでした。

階下の住人が、上の階の家族の足音がひどくて眠れない、と苦情を訴えました。上の階の住人はといえば、30代の夫婦で子供もなく、常識から考えてもそんなに音をたてるとは思えません。しかも苦情を持ち込まれた後すぐ、寝室にカーペットを敷き詰め、居間には以前から部屋いっぱいにジュータンが敷いてありました。上の階の夫婦は長年同じアパートに住んでいましたが、階下に現在の家族が移ってくるまで、足音はもちろん騒音の苦情を受けたことなどなかったそうです。奥さんはたび重なる苦情のため、神経質になり、家にいても落ち着かないとこぼします。

しかし階下に住む家族にとっても、問題の深刻さは変わりません。私には双方とも嘘を言っているようには思えず、重い行き詰まりを感じました。

どうしていいのか分からないままに、私は双方に部屋の間取り、家具の配置、ジュータンの大きさなどを紙に書いてもらいました。その時です。上の階の夫のほうが家具の配置を説明しながら、何気なく「隣の2人の子供」と言ったのです。私は「これだ!」と思いました。もしかしたら階下の家族は、音の出所を勘違いしているのかもしれません。もっと詳しく聴くと、その子供たちはアパートの中で三輪車を乗り回し、よく壁にぶつかっているそうです。しかも夫婦の寝室と隣の居間は、壁を境に隣り合っているのです。

そこで私は、次に音がしたら、それが夜の11時前に限り、階下の住人は上の夫婦に電話をかけ、2組の家族は協力して音の出所を探し当てる、という解決策を出してみました。2組の住人は気持ちよく賛成してくれました。

VII

調停のテクニックとは？

恋のフィナーレ

争っているのは中年の男女で、つい最近まで恋人同士でした。しかし2人の愛は完全に冷め、お互い顔も合わせたくないと思うほど嫌っているのですが、仲睦まじかったころに住んだ家の整理がつかず、新しい出発ができないという状態でした。

女性のほうには小さいけれど3階建ての家があり、まだ恋人同士だったころは、2人はその家の3階に住んでいました。彼が同居し始めると同時に、それまで彼女と一緒に暮らしていた、前の結婚で生まれた彼女の娘は2階に移りました。2階はアパートとして貸していたので、ローンを抱える彼女の貴重な収入源でしたが、娘が移ることで、その収入源を失うことになるのです。それも仕方ないと、その時は思えたのです。残った1階は、2人の共同事業専用のオフィスとして使うことに決めました。

2人の争いの的はその1階のオフィスでした。というのも、愛が冷めた時点で彼女は、当然彼が家から出ていくものと思っていました。しかし彼は、アパート探しはそんなに簡単ではないと言い出し、3階から1階に自分の荷物を運び込み、そこで暮らし始めてしまったのです。慌てた彼女が立ち退きを要求すると、1階の荷物はそのままにして今度は地下の部屋へと移り、おまけにガレージにも彼の車が入ったままです。

彼女は思い余って弁護士に相談すると、「1階とガレージの鍵を取り換えて、彼の家具と車を差し押さえ、それを返してほしければ地下の部屋から立ち退くように、と交渉したらどうか」というアドバイスを受けました。

ところが、彼はそれを逆手にとって、「自分の車と家具を返さない限り、家は出ない。非は当然鍵を取り換えて引っ越しできなくしたほうにあるのだから、家賃を払う必要はない」と、これ幸いと居座ってしまったからたまりません。

その女性は、独力で自分の家を手に入れただけあって、かなりのしっかり者でした。反対に男性のほうは、何をして生計を立てているのかはっきりしません。

調停の席でも2人の態度は対照的でした。自分がどれほど不当に扱われているかをまくしたてる男性に対し、女性のほうは、弁解するのも面倒くさいというように横を向いたまま沈黙を続けます。荷物を返せば出ていくという男性、出ていくときに荷物は返すと主張する女性、2人の要求は平行線のまま動きません。

恋愛が終わった時点で男性が家を出なかったという事実は、女性の心に、彼に対する深い猜疑心を植え付けました。二度と騙されたくないというのが彼女の本音で、引っ越しの確約を取り付けなければ、絶対に荷物は返さないという覚悟がありありと出ています。

常識から考えても、男性が出ていくのが当然と思えるケースです。けれども、それを男性に言ったところで聞き入れられるはずはありません。

調停は裁判ではないので、「出て行け」と命令することもできません。たとえ裁判に持ち込んで立ち退き命令を出してもらったとしても、男はそれを不満として上告するのは目に見えています。そうなると上告が却下されるまでのかなり長い年月、彼は彼女の家にずっと居座ることになります。このような行き詰まりを打開するには、コーカス（個別協議）を行うしかありません。

女性とのコーカスで私は、1階にある彼の家具と車を返してはどうか、と提案しました。そうして1階と2階を貸し出して、彼女の収入を増やすのです。

彼女は、はじめのうちは私の案に抵抗を示しました。「これでは弁護士のアドバイスと全く反対ではないか。被害者は私なのだ。その私が折れて、なぜ先に彼の荷物を渡さなければならないのか」と彼女は納得がいかない様子です。

しかし話し合っているうちに、解決にはこれしか方法がないことを悟ってきたのです。法律を盾に彼を家から完全に立ち退かせようとすれば、行き場のない彼は、追い詰められて抵抗するに決まっています。でも、私が出した案では、彼はまだ地下の部屋にいられることになっています。その分男性にとって受け入れやすいはずです。それに今の彼女にとって肝心なことは、毎月のローンの支払いを安定させることなのです。

一方男性とのコーカスでは、もし女性が荷物を返せばアパートを出ていく気持ちがあるのか、その旨合意書に書いても構わないのか、ということが確かめられました。

その結果、女性は男性の荷物と車を3日後の日曜日、10時から11時の間に返すこと、男性は次のアパート探しをすぐ始め、見つけ次第引っ越すこと——などを決めた合意書にサインしたのでした。

調停の三種の神器

睨み合っている2組の人間を和解させる作業は、まず、胸にしつこく渦巻いている相手に対する怒りや不満を取り除くことから始まります。この作業の具体的な説明によく使われるのが合気道の精神ですが、その意味は、興奮して我を忘れた当事者の怒りを調停者が吸い込み、それを和解のためのエネルギーに変えて、反対に当事者に送り出すことです。英語ではそれを「人々を〝エンパワー〟する」と表現しています。エンパワーされた人々は、そのエネルギーを相手を攻撃するためでなく、解決案を見つけ出すために使うのです。

さらに言い換えると、エンパワーするとは、当事者に問題解決の能力を与えることを意味します。調停では、弁護士でなくトラブルの当事者が直接相手と向き合って交渉することを強調しますが、その理由は、エンパワーされなくてはならないのは当事者自身だからなのです。

では実際に、調停者はどのようにして人々をエンパワーするのでしょうか。それが口で言うほど簡単ではないことは、今までお伝えしたケースからも容易に推察していただけると思います。

センターにやって来る人のほとんどが、相手に対する怒りで、口もききたくない、顔も見たくないと思っているのです。怒りに我を忘れた人々をエンパワーする鍵は、「質問」、「言い換え」、それに「コーカス」です。

調停者は、調停の間しつこいくらいに「もし、あなたがそのときそう言わなかったら、結果はどうなっていたと思いますか」とか「あなたがそう思う理由は何ですか」といった質問を繰り返します。その目的は、当事者に相手の身になって問題を見直すきっかけを与えることなのです。

また、時には全く常識を逸した額の賠償金や、相手がどうしても受け入れられないような要求を主張する紛争者もいます。大家と借家人とのトラブルに無理な要求が多いようです。その場合、調停者は、なぜその要求が妥当と思うのかという根拠を尋ねることによって、本人にそれがいかに非現実的なものか、それとなく気づかせようと配慮します。こうした質問は、調停者の間で、「現実テスト（リアリティー・テスト）」と呼ばれています。

このような例があります。2人の母親が、中学生の子供の喧嘩が原因で争っていました。2人とも自分の子供が相手の子供のグループに乱暴され、けがをさせられるのではないか、と恐れていたのです。

ところが、私が「なぜ自分の子供が乱暴されると思うのか」と質問すると、それまで相手を攻撃するのに威勢のよかった母親たちの舌が、途端に鈍くなりました。それもそのはずで、「誰さんがそう言った」、「学校で教師から気を付けるように注意された」と言うだけで、母親の不安を実証する確かな証拠は何もなかったからです。人の噂だけで、相手の子供を悪い子、自分の子供に危害を与えそうな危険な子、と決め付けていたのです。

リアリティー・テストの結果、母親は2人とも子供の将来を案じ、喧嘩などに巻きこまれないで平穏な学校生活を送ってほしい、と願っていることが分かりました。そして調停者の私が、親として2人がどんなに似たような価値観を持っているかを説明すると、それまで声高にどなり合っていた2人は、それだけで和解し、笑いながら握手して帰っていきました。

人間誰でも、他人の身になってものを考えるのは苦手です。特にその人が自分と利害を争っている相手となると、その傾向は一層強まってしまいます。また怒りにかられると、本当は相手の言い分にも一理ある、まず相手の主張を聴くだけ聴いてみよう、という冷静さが頭の中から消え去ってしまうものです。調停者は、一時的にでも判断が狂ってしまった人に質問を繰り返すことによって、冷静さを取り戻させ、相手の立場を考慮できる心理的余裕を与えるのです。

また、争っている人々が口にする乱暴な言葉を穏やかな言い回しに言い換えることも、人々をエンパワーするための行為のひとつです。A氏が「B氏に騙された」と主張しているとき、もし調停者がA氏の言葉をそのままB氏に伝えたら、B氏の怒りに油を注ぐようなものです。それを言い換えて、「2人の間で事件の見解に相違があるようです。Bさん、あなたの事情を説明してください」と持ちかけたらどうでしょうか。B氏の気持ちも和らぎ、「それでは……」と説明に誠意がこもるに違いないのです。人間の怒りが何でもない心遣い、言葉遣いでなごむのは、洋の東西を問わず同じです。

調停者が使うもうひとつの鍵はコーカスで、話し合いが行き詰まったとき、それがひどくならないうちに、対立する両者を引き離すために用いられます。その他にも調停者が当事者の一方に何か確かめたいことがあるとき、反対に当事者が調停者と個別に協議したいときにもコーカスは利用されますが、時間を限って行われるのが普通です。コーカスの会話は絶対に秘密で、トラブルの相手側にさえ本人の承諾なしに伝えることはできません。

しかし、人々を真にエンパワーするには、的確な質問や言い換えが、まさにそれが必要なときに発せられなければなりません。調停で一番大切なことは、タイミングです。実際、言い換えが一息遅れたため、それまでの協調ムードが一挙に崩れ去ってしまったとか、反対に絶妙のタイミングで質問が出されたため、そのまま和解へ直進したということはしょっちゅう見られます。経験豊かな調停者は必ず、いつどんな問いかけをどのように行うか、コーカスを最も有効に使う状況とはどんなものかを十分心得ているものです。

かつて私は、合意が成立したにもかかわらず、合意の内容を確かめている最後の詰めの段階で、たまたま当事者のひとりが漏らした相手に対する不信の言葉ですべてを壊してしまった、という苦い経験があります。当事者の一方が不用意にも、相手がどれほど真剣に合意を守る意思があるのかと疑うような発言をしたため、非難を受けたほうがすっかりヘソを曲げてしまったからです。お陰で、調停は最初からやり直さなければなりませんでした。もちろん私はすぐにコーカスを開いて、双方に和解する意思があるのかどうか、もう一度確かめました。

質問とコーカスを最大限に利用して調停を行うのは調停者に共通の技術ですが、その利用の仕方にはそれぞれ独自のスタイルがあります。自分の意見を積極的に発言し、協議をリードする調停者もいれば、時折質問を挟む程度で、当事者の言い分にじっと耳を傾けるタイプの調停者もいます。

調停者各自の性格と勘によって展開される調停は、過去にも未来にも全く一度きりのものので、たとえケースは同じでも、二度と同じものは再現できないのです。「調停は芸術である」と言われるのはそのためです。

どちらも被害者同士

詐欺にあった被害者同士が、その後始末の付け方が分からず喧嘩になった、という不幸なケースがありました。

私のところへ回ってきた書類を読むと、「トラブルの原因は契約違反、当事者は70代と20代の女性同士」と書かれていました。年齢の違い、女性同士という点が私の気を引きました。はて、どんな人がどんな契約を結んだのでしょうか。

待合室に行ってその老女を初めて見たとき、彼女の服装のあまりの貧しさに私は胸を突かれました。朝夕肌寒さの残る季節だというのに、彼女は洗い古されて色のあせたぺらぺらの木綿のワンピース姿で、頭にはよれよれになった帽子をかぶり、たたずんでいました。肌も黒ずみ歯も抜けていて、彼女の年齢より10歳は老けているように見えました。

事件のあらましは次のようなものでした。

ある日、その老女は家を買おうと決心し、日ごろから何くれとなく世話になっていた近所の若い女性に相談しました。その女性はもちろん老女を助けたいという一心で、周りの人に相談し直し、ある不動産業者を紹介しました。すぐに手ごろな家が見つかり、その不動産業者は頭金を要求したので、老女は言われたとおり彼女の虎の子を現金で、その若い女性に渡したのです。

ところが、その不動産業者は事務所を辞め、他の州へ引っ越してしまったから大変です。領収書をもらっておらず、もちろん家も手に入りません。若い女性は電話で何度か不動産業者に掛け合いましたが、お金は返ってきません。家を一軒買うための頭金は大金です。それをすべて失い途方に暮れた老女は、当然ながら若い女性に非難の矛先を向けたのです。

しかし非難されても、彼女のほうも、どうしていいのか分かりません。そうこうしているうちに、思い余った老女は、その若い女性を契約違反で訴えたのです。

私は何となく2人が詐欺にあったような気がしました。詐欺とまではいかなくても、もう他の州に引っ越してしまった不動産業者が、返済するつもりなど全くないのは明らかでした。この厳しい時勢、返さなくて済むのなら、それにこしたことはないと思っているのでしょう。世事に疎く、弁護士を雇うお金もなく、時折電話で催促してくる程度の昔のお客など、無視するのは簡単です。

ここで2人が喧嘩をしている場合ではないのです。被害者として2人で、少額のトラブルを専門に裁く裁判所（スモール・クレームス・コート）に訴え出るように勧めました。

調停の後、私は自分の気持ちが重くなるのを感じました。「生活保護を受けたことは一度もない。頭金は全部私が働いて貯めたお金です」という老女の言葉が気になって仕方ありませんでした。それなりの事情があったとしても、私にはその不動産業者が許せなかったのです。老女から大金を奪うなど、あまりにもひど過ぎます。

別れ際、私は老女に「決して諦めないように、お金はあなたのものなのです」と念を押しました。

無表情の調停者

老女の事件は厳密な意味では調停とはいえません。しかしこの事件は、調停について考える材料を提供しています。というのも、理由はともかく調停で固く禁じられていることは、ケースに調停者個人の感情を入れることです。

感情が入るということは、当事者を判断（ジャッジ）することと同じで、それだけで調停は公正さを欠く危険があるからです。調停者は裁判官ではないので、当事者の言い分を聴いても、それを調停者個人の道徳観や価値観に照らし、事の善しあしの判断をしてはならないのです。調停の目的は、トラブルの当事者同士が自分で解決の方法を探り出すことで、調停者はそれをサイドから推し進めるのが役割なのです。

しかし調停者も人間です。新しい人に会えば第一印象を持つのは当然ですし、協議の間にも、「この人の言い分は賛成できないな」とか、「この人は正直なことを言っていないな」という感想を持つのは避けられません。ところが、こうした感想を持って、それに縛られてしまうと、不思議に和解は成立しないのです。いくら内心で密かに思ったことでも、知らず知らずのうちに態度に表れ、必ず相手に伝わってしまうからです。そして相手が批判されていると悟った途端、調停者は中立なアドバイザーとしての信頼を失い、当事者は何を言っても聴いてくれなくなってしまうからです。

調停者の待合室でも、中立についてよく話題になります。それだけ調停者にとって、真に中立を保つことは難しい、という証でもあります。先ほども言いましたが、調停者も感情を持つことは避けられません。それどころか、調停者と個人的に話してみると、現実には、知識と経験に加え人並み以上に感情豊かな調停者が多いのです。

では、公平を保つにはどうしたらいいのでしょうか。

もし調停者が自分の感情に左右される心配があることを意識したら、その時点ですぐ調停を辞退することです。公正を保つために調停者が普段から気をつけることは、常に自分自身に公正にするようにと言って聞かせることです。そのうえで、感情を持つことが避けられないことを認め、それを顔に出さないように注意する以外ありません。つまりポーカーフェースを保つことです。そしてその第一歩は、当事者が何を言っても、それに相づちを打たないことです。

ここで私が思い出すのは、かつて私がトレーニングを受けた先輩です。彼女はまだ40歳そこそこの若さですが、調停の腕の確かさでは、すでに業界で広く知られていました。3日間のトレーニングの最中、私は朝から晩まで彼女の表情が全く変わらないことに、そればかりでなく、彼女の目に輝きがなく、何を思っているのか見当もつかないことに気がついたのです。

それでは彼女の講義の内容も、表情と同じようにメリハリのないものかというと正反対で、彼女の言葉の端々には単なる説明以上のもの、私たちの心の深いところに訴える特別な思いがこもっているのです。私は、目の前にある、笑っているのかいないのか判断できないようなのっぺりとした顔付きと、耳から入って来る胸に迫る素晴らしい言葉との格差に戸惑い、不思議な気持ちがしたことを覚えています。

今になって、やっと、あの漠とした表情こそ彼女の輝かしい成功の秘訣なのだ、という事実がのみ込めてきました。

子供の世界にも広がる調停

調停が広がっているのは大人の世界だけではありません。ここ10年間、アメリカの公立学校でも、生徒間のトラブルを解決する方法として、生徒自身の手による調停制度を取り入れ始めました。全米の公立学校数は約8万校を数えますが、そのうち約2000校が生徒に調停のトレーニングを行い、校内の調停者としての役目を果たさせているのです。

例えばアリゾナ州ツーソンの中学校では、調停制度が始まってから子供同士の対立が47%、喧嘩が51%減少した、と報告されています。子供が行った調停のうち84%は和解し、大人と同じように合意書が交わされています。調停で決められた合意は1ケースを除き、すべて遵守されているということも注目されるべき事実でしょう。

ニューヨーク市で校内調停制度を推進し監督しているのは、リンダ・ラセルという笑顔の素敵な女性ですが、ラセルは、

「子供でもメンツがあって、他の子供が見ていると、メンツを失いたくないという気持ちから意地を張り、何でもない口喧嘩が殴り合いにまで拡大してしまうことがよくあるのです。その点個室で開かれる調停は、仲直りしやすいのです」

と、調停成功の背景を語っています。

ニューヨーク市では毎年調停の専門家を送り、各学校で20～30人ほどの生徒に調停者になるためのトレーニングを行っています。トレーニングを受ける生徒は自薦多薦の両方があり、その選考には、頭の良い子、成績の悪い子、暴れん坊、おとなしい子……と、いろいろなタイプの子供を選んでいるそうです。

ラセルはその理由を次のように説明してくれました。

「社会にはいろんなタイプの人間がいることを教えるためです。子供のときから、私たちのものの見方、判断の仕方には個人差があるということ、その個人差を認めずに周囲の人

子供の調停者、コンフリクト・マネージャー

に自分のエゴを通そうとすると、その人との間にトラブルが起こるということを知ってほしいのです」

アメリカで学校内暴力が大きな社会問題となっていますが、学校内暴力が起こった場合、学校としても、それ相応の対応を取らないわけにはいきません。勢い、生徒に停学や退学といった厳しい措置を迫ることが多く、結果として子供の将来まで壊してしまう危険があります。ですから、子供が子供同士でトラブルを解決することを目的とした校内調停制度は、生徒を停学や退学の危険から救う役割も果たしているのです。

「ニューヨークの下町には、暴力が会話の代わりになっているような家庭が数多くあります。そんな家庭に育った子供は、言葉で自分の気持ちを表現することを体得していないのです。子供たちに、人間関係とは暴力ではなく、言葉を媒介としてつくられるものだ、ということを教えなければならないのです。暴力でなく話し合いでトラブルを解決する調停は、正にそれを教える最良の方法なのです」

と、ラセルは語っています。

校内調停制度の推進者は、この制度を通じて、子供が大人になる前に話し合いの大切さを学ぶことは、その子のためになるだけなく、将来、アメリカの社会全体に良い影響を生むに違いない、と期待しています。

VIII

調停の現場は？

実施の手続き

調停の手続きは、当事者が要請を取り扱い団体へ申し出ることで始まります。公立の調停センター以外にも、一般市民の苦情を聴き調停の専門家を紹介してくれる団体が数多くあり、そこではそれぞれ独自の手続き制度を持っていますが、だいたいは要請を受けると、その旨を相手側に伝え、調停を行う気持ちがあるかどうかを書面で尋ねます。

両者が賛成すると調停の日取りや場所を決めて、同時に双方に短い経歴書の付いた専門家のリストを送り、両者に担当者を選ばせる仕組みになっています。リストを受け取った当事者は、専門家の評判や過去にどんなケースを扱ったか、自分のケースと似たような問題を担当したことがあるかどうか、もしそうならその内容は……といった点を参考に担当者を選択するのです。

ブルックリン・センターのような地方自治体が運営する調停センターでは、専門家のリストの送付は行わず、当事者から事情を聴いた担当官が必要書類をまとめ、直接ボランティアの調停者にケースを回します。

調停の協議は、一般的にはそれを取り扱う団体や企業の会議室で行われますが、こうした設備が整っていない所では、市町村の図書館の一室などを利用する場合もあります。大規模な商業調停になると、関係者全員がホテルに缶詰めになって協議した、という例もよく聞きます。

少し変わったものとして、電話調停があります。国土の広いアメリカでは、当事者がお互いに行き来するのに車で数時間、あるいは飛行機を利用しなければならないということも珍しくありません。最近では、当事者同士が離れている場合、時間と費用の節約を兼ねて電話で調停を実施しています。テレビ電話やファクスといった通信機器が急速に発達した現在、ニューヨークやカリフォルニアでは、かなり頻繁に行われ始めたと報告されています。

もちろん電話の調停が可能になった裏には、自分の意見を述べることに全く抵抗がなく、自分の利益を守ることをまず第一に考えるというアメリカ人気質があるのも見逃せないことです。

電話調停の実施は、調停者のオフィスにある会議用電話で、当事者が話し合うことから始まります。解決の合意ができたところで、調停者がそれを文章にまとめ、参加者にファクスで送ります。不都合や不満があればそれをまた電話で交渉し直し、文章に手を入れ、最終の合意書を作るのです。それにサインをして、お互いにファクスで交換すれば終わりになります。まさに未来のトラブル解決法の観があります。

大切な椅子の配置

電話調停は別として、調停の協議で見落とせないのが会議室内のテーブルや椅子の配置です。裁判では裁判長の前に原告と被告が並んで座りますが、調停では、お互いに相手の顔を見て心ゆくまで話し合えるようにという配慮から、必ず当事者が向き合って座ります。調停者が座る位置も大切で、特別な理由がない限り調停者は最も下座に、つまりドアのすぐ傍らに座ることが原則です。

その理由は、協議中に議論が白熱してくると、興奮した当事者が椅子をけって席を立ち、部屋を出て行こうとすることがあるからです。そんなとき、その人をそのまま出て行かせたら、その調停は失敗です。そうならないように調停者はいち早くドアに近づき、ドアを背にして立ち、感情的になっている当事者をなだめ、席に戻るよう説得しなくてはならないのです。

調停の前に参加者の人数やそれぞれの関係を確かめ、それに見合ったテーブルや椅子の配置を考えることが調停者の大切な役割のひとつで、調停者のトレーニングでもしっかり教え込まれています。

調停者の両隣の席には、必ず当事者が座ることになっています。調停者と当事者2人の三角形ができ上がり、調停者が協議をコントロールしやすくなるからです。当事者の隣には、弁護士や家族、友人といった付添人が座ります。

席の配置は一度のみ込んでしまえば難しいことではなく、他の紛争解決方法でも、ほとんど同じような席の配置が取り入れられています。しかし、ここでひとつ注意しなければならないのは、未成年者同士の争いのケースです。

未成年者のトラブルは、家庭裁判所から調停に送られることが多いのですが、当然調停には親が付き添って出席します。こうした場合、調停者としては、親と子供のどちらを隣に座らせたらいいのかとよく迷います。

原則論からいえば、喧嘩の当事者は子供なので、子供を隣に座らせ、子供を中心にして話し合うのが望ましいのですが、それが必ずしも良い結果を生むとは限らないのです。特に子供が小さかったり、おとなしかったりすると、自然に親の発言が多くなります。そうなったとき、もし親が調停者から離れて座ったりしていたら、調停者が親をコントロールできなくなり、親同士が勝手に言い合いを始め、協議の収拾がつかなくなってしまうことも予想されるからです。それほど悪くならないにしても、和解に到達するまでにかなりの時間がかかってしまいます。

そこで大方の調停者は、未成年者のケースでは、席の配置を子供の年齢を目安に決めています。もし子供が15歳未満なら、親に発言させながら協議を進めるほうが無難であり、うまくいくことが多いからです。反対に子供が15歳以上のケースでは、その子を隣に座らせて、しっかり自分の気持ちを発言させたほうが良い結果が出ています。

調停の参加者

調停の利用者にとって一番気になることは、その協議に誰が参加するのか、という疑問でしょう。ケースが小さい場合は当事者がひとりで十分なのですが、内容が込み入っていたり、多額の賠償金が問題になっているケースでは、当然専門家の助けが必要になってきます。こうしたケースでは、家族や友人のほか、できれば弁護士や専門家を伴って参加するほうが、気持ちも落ち着くし間違いがないかもしれません。

しかし、ブルックリンの調停センターでは、当事者が家族や弁護士とやって来ても、相手がひとりで来た場合、付添人は外で待ってもらうことがほとんどです。たとえ部屋の中に入ることを許しても、発言は極力控えるようにと調停開始前に忠告することになっています。

企業のケースでは、後の混乱を避けるために、決定権を持つ社長以外、社員はひとりで協議に参加すべきではありません。また交渉の相手が企業の代表として話し合いをまとめる権限を持っていることを、協議が始まる前に確かめておくことも肝心です。数時間に及んだ調停がやっと終わり、ほっと一息入れた途端、「それでは上役に相談してきます」では何にもならないからです。

ここ10年で目立って利用されるようになった調停として、コミュニティー調停があげられます。コミュニティー調停では、ゴミ処理場、地域開発、公園管理といった、ひとつのコミュニティー全体にかかわってくる問題についての話し合いがなされます。

コミュニティー調停では、自分たちの交渉相手が話し合いをまとめる権限を委譲されているかどうかという点について、前もってはっきり確かめることが特に大切です。コミュニティー調停ではほとんどの場合、交渉の相手が市町村の代表者なので、たとえその代表者が個人として和解に合意しても、その合意は市町村の議会で承認されない限り効力を持たないことがあるからです。

調停者になる人

調停の専門家になるためにはどんな資格が必要なのか、とよく尋ねられますが、調停の分野自体まだ歴史が浅く、必要な資格試験制度などは整備されていません。また、どのようなタイプの人が適任なのかといった点についても、業界の中で意見の一致ができていないというのが現状です。

今のところ調停の専門家として活躍するための特別な学歴や資格はなく、法律の知識が必要という人もいますが、確かにそれは助けにはなっても絶対条件ではありません。調停者の間では、法律よりも心理学のほうが役に立つという意見が断然強いのです。私は2人の大変優秀な調停者を知っていますが、２人とも女性で、その本業は精神科のセラピストです。

それでは誰でもすぐ調停の専門家になれるのかというと、そうでもありません。調停者になるために最も重要視されるのは人格と経験ですが、やる気も大切です。

そもそも調停とは、喧嘩をしている人、できるなら顔を合わせたくないと思っている人同士が、いやいや参加する協議なのです。ですからたとえ調停の最中でも、当事者が少しでも気に入らないことがあれば「もう帰る。こんなことなら裁判に訴えてやる」と言い出すのはしょっちゅうで、調停者が「ハイ、そうですか」と引き下がっては仕事になりません。拒絶の言葉をさらりと聞き流して調停の協議を続けるには、心の底に「絶対にまとめるぞ」という意気込みがなくてはできないことなのです。

また、調停者が解決の糸口が見えず途方に暮れることもありますが、そんなときこそ、最後まで諦めずに積極的に取り組もうとする気構え、つまりやる気が必要です。

ウイン－ウイン・リソルーションのケースでも述べた、アパートの上下階の住人のトラブルを思い出してください。諦めずに時間をかけて話を続けていると、どこからか不思議に解決の糸口が見えてきます。

次に、どのような人格が調停者として適しているかという問いに対しては、私の周囲の人たちの意見をまとめると、人の話をよく聴き理論的に分析できる人、落ち着いていて人の興奮や怒りに踊らされない人、それに人の不満を聴く心の余裕と温かさがある人などが求められているようです。

しかし私自身は、最も大切な要素とは、威厳と親しみやすさではないかと思います。このふたつの要素は、どちらかといえば相反するものですが、威厳があっても親しみやすさがなければ人々は調停者に心を開いてくれませんし、反対に親しみやすさばかりでは、当事者が調停者の言うことを聴かなくなり、協議をコントロールできなくなる危険があるからです。

経験も大切で、自分が取り組もうとする調停の分野を熟知し、他人からその人の持つ専門知識が認められ、尊敬されているような人でなくてはなりません。最近では、社会や産業の構造が極度に細分化され、ある特定の分野で使われている言葉や習慣には特別なものがあります。調停者がそれを熟知していないと、トラブルの状況を正しく把握できないことがあるからです。

独立した調停者を目指す人は、私のように公立のセンターでボランティアを続け、自分の評判が広がるのを待ちます。特に若いうちから調停者を目指す人は、有名な調停者のアシスタントとして働き、徐々に名前が知られるようにするという方法もあります。

また調停を斡旋する団体に登録してケースを紹介してもらい、専門家として自分の領域を拡大していく方法もありますが、こうした団体に登録されること自体容易なことではありません。長年の経験が必要とされるからです。

いずれにしても、経験を重要視する傾向があるということは、それだけ若い世代が入りにくいという意味でもあり、専門の調停者の年齢は他の職業に比べて極めて高いのが特徴です。

公共団体が運営する調停センターは、調停者の養成に重きを置いているため、トレーニング参加者資格は斡旋団体よりずっと緩やかになっています。ニューヨーク州の場合、まず面接で人柄がチェックされ、その後3日間、25時間の講義と模擬調停のトレーニングが行われます。次に経験豊かな調停者に付き、35時間、だいたい2カ月から半年程度の実地訓練に入ります。これらの訓練はすべて無料ですが、その後最低100時間の無料奉仕をして、州にそのお返しをしなければなりません。

訓練の内容は先輩の調停を観察することから始まり、徐々に先輩と2人で、そして先輩の監督下でソロで、といった段階を経て独り立ちするのです。

最近行われた調査によると、ニューヨーク州の公共センターで働く調停者の平均年齢は44歳で、平均学歴は大卒以上。大学の法科を出た人は、全体のわずか17%でした。

調停が制度として成長し、専門家の需要が広がるにつれ、業界内で調停者としての資格を決めるべきではないだろうか、という声が出てきました。近い将来、何らかの形で制度化されそうですが、専門家になる道はどうであれ、完全に評判だけで職業を成り立たせるということは生易しいことではありません。

そのような動きの手始めとして、このほど調停を斡旋する団体が協力して、調停者の行動を律する規約を制定し発表しました。この規約は法律ではありませんが、アメリカの代表的調停団体がその制定に参加しているところから考え、将来、広く調停者の行動の支柱となるものと思われます。

その規約は9項から成り立っています。

①調停は当事者の和解する意思を尊重するものである。〈主体性〉

②調停者は公正でなくてはならない。〈公正さ〉

③調停者は当事者や事件と利害関係がある場合、または利害関係が起こりそうな場合、必ずそれを当事者に伝えなければならない。〈利害関係〉

④調停者はその能力によって選ばれるものである。〈能力〉

⑤調停者は当事者の許可なく、あるいは法律で許されていない限り、協議の内容を漏らしてはならない。〈秘密保持〉

⑥調停者は協議の速やかな進行と当事者同士の信頼を促すべく配慮すべきである。〈協

議〉

⑦調停者の実力やトレーニングについての宣伝は、正直なものでなければならない。〈宣伝〉

⑧調停料は、調停の始まる前に当事者に伝えていなければならない。〈調停料〉

⑨調停者はその実力を上げるために努力しなければならない。〈責任〉

IX その他に紛争解決法はありますか？

ADR

調停者という立場から、これまでは調停についてだけ書いてきましたが、今日アメリカで利用されている裁判以外のトラブルの解決法は、調停だけではありません。60年代から、裁判ではなく自分たちの手で争い事を解決しようという空気が盛り上がり、70年代に入ると、実際にそのための解決手段がいくつか生み出され、実施されるようになりました。

その中で現在まで残り人々に利用され続けているのが、ミニ・トライアル (Mini Trial)、プライベート・ジャッジ (Private Judge)、サマリー・ジュリー・トライアル (Summary Jury Trial)、ファクト・ファインディング (Fact Finding)、ミーダブ

(MedArb)と呼ばれる方法です。それらに加えて、従来から行われていた調停(ミディエーション：Mediation)、仲裁(アービトレーション：Arbitration)、オンブズマン(Ombudsman)といった方法も再認識され、やがて、正式な裁判に頼らない私設のトラブル解決法をまとめて司法制度外紛争解決法、英語でオルタネート・ディスピュート・リソルーション(Alternate Dispute Resolution)、通称ＡＤＲと命名され、70年代初めにその全容が確立したのです。

すべてのＡＤＲに共通した利点は、時間と費用が節約でき、非公開であり、当事者の主体性を重視していることです。利用者はトラブル解決のために手段の選択はもちろんのこと、日取りの調整、手続き、証拠作成なども自ら進んで行わねばなりません。

反対にＡＤＲの弱点は、前提条件として当事者に和解を受け入れる気持ちがなければならないという点です。もし当事者の双方、あるいは一方に和解しようという気持ちがない場合、ＡＤＲは成立しません。

ＡＤＲの個々の手段はそれぞれ独自の実施方法を有しており、利用者は自分の抱えているトラブルの内容によって、最も適当な手段を選ぶことができます。さらにＡＤＲの制度そのものが司法の管理を受けていないため、実施方法は柔軟性に富み、利用者は選んだ手段そのものを自分たちの都合に合わせて変えることも可能なのです。

ＡＤＲの各手段の中で正式に法的拘束力を持つのは仲裁だけで、そうした意味では仲裁が裁判に最も近く、反対に最も遠いのは調停です。そして仲裁と調停の中間に他の手段が位置づけられています。

仲裁

ＡＤＲの中で、現在最も多く利用されているのが調停と仲裁ですが、このふたつを同一視するアメリカ人は実にたくさんいます。仲裁も調停も、協議が公正な第三者を中心として行われること、また仲裁人の多くが職業として調停者も兼ねているという事実をみても、誤解が生じるのは無理のないことです。

しかし仲裁と調停では、目的が全く異なっているのです。仲裁の目的は、仲裁人が事の黒白をつけることによって問題に終止符を打つことですが、調停の目的は、何度も書いたように話し合って和解することにあります。

また調停が一度忘れられ、最近再発見されたのに対し、仲裁は多少の波があっても、アメリカの社会でずっと利用され続けてきたことも両者の違いとしてあげられます。

仲裁にもいろいろな種類があります。商取引が原因で起こったトラブルを裁く商業仲裁、ビルやダムなどの建設に起因する紛争を裁く建設仲裁、自動車事故の処理をめぐって、被害者と保険会社との間に生まれた争いを収める自動車保険仲裁、それに労使間の問題を裁く労働仲裁などです。

仲裁の特徴は、ＡＤＲの中でも実施方法が実際の裁判とほとんど変わらないことです。弁護士による弁論、証拠の提出、証人の尋問などが行われ、最後に仲裁者が裁判長のような立場から、法的拘束力のある判断を下します。

しかし、仲裁は裁判ほど形式ばってないので、手軽で、融通もききます。例えば、裁判では欠かすことのできない証人の宣誓は仲裁では省略することもでき、証拠の数なども制

仲裁開始直前の緊張した当事者たち

限できます。

また裁判は、午前9時から午後5時まで、2時間の昼休みをはさんで行われるのに対し、仲裁では当事者が異議を唱えない限り、休憩などとらずに行うことも可能です。場所も裁判所のように息が詰まるような所ではなく、企業の会議室などで行われるのが普通です。

仲裁の利点は、何といっても、当事者や弁護士が仲裁人と直接会話するので、仲裁の終わった後、自分の言い分を聴いてもらえたという満足感が持てることでしょう。結果的には賠償金の支払いを命じられた場合でも、弁護士の発言だけで決められたものではなく、自分で発言した後の決定であれば、当事者も納得してその決定を受け入れられるはずです。

また裁判では、担当裁判長は裁判所が決めますが、仲裁では、候補者の中から経験や評判によって当事者が仲裁人を選ぶことができます。

最近特許をめぐるトラブルが増えていますが、特許権侵害の裁判では、高度に専門化した特許の技術的内容を裁判長や陪審員に説明しなければならないので、そのような作業自体、口で言うほど簡単なことではありません。その点仲裁では、その他のADRも同じですが、その技術や分野に明るい人に判断を頼めるのです。仲裁人の判断は法的拘束力を有していますが、希望なら拘束力のない仲裁も可能です。

仲裁は、当事者がはじめから、「問題が起こったら裁判ではなく仲裁で解決を図ること」という仲裁条項を契約書の中に書き入れている場合に行われるものと、トラブルが生じた後で、仲裁で解決したいという希望に従って行われるものがあります。

さらに仲裁には、契約書の解釈によって事の是非を裁くものと、仲裁人が契約書を新しく作成するために開かれるものの2種類があります。前者は権利仲裁（ライト・アービトレーション）と呼ばれ、後者の利権仲裁（インタレスト・アービトレーション）と区別されています。

権威の高い労働仲裁

ここで、飲酒運転をめぐるライト・アービトレーションの一例をあげてみましょう。

会社員のAさんは、会社のセミナーに出席した帰りに飲酒運転で捕まり、刑期5日間の判決を受け、刑務所に入れられました。その日のセミナーは午後3時から始まり、6時から夕食が出て、Aさんはそこで酒を飲んだのです。

Aさんの会社では、仕事中に社内での酒やドラッグの使用・売買は厳しく禁じられており、そのような行為は解雇の対象になることが就業規則にも書かれています。Aさんは捕まったとき会社の車を運転していたので、会社は車の運転も会社の延長とみなし、飲酒運転をした事実から、規則を盾にAさんを解雇したのです。

もちろん組合は解雇に反対しました。経営者側と組合は、会社の車の運転を会社の延長とみるか否かで対立しました。会社の延長ではない理由として組合があげたのは、事実上、Aさんはその日の業務を終えているという点です。

――もし彼が仕事の後、一度家に帰って自分の車でセミナーに行き、酒を飲んで捕まったとしたら、会社はAさんを解雇できないはずである。しかし、Aさんが会社の車でそのままセミナーに出席したのはごく自然の成り行きで、Aさんが車を換えるために家に帰らなかったことを取り立てて責めるのはおかしい。しかもAさんは車の中で酒を飲んだのではない。そのセミナーには他に5人ほど社内から出席し、その5人全員が酒を飲んだにもかかわらず警察に捕まったのはAさんだけで、他の5人は解雇の対象にはなっていない。この点でも、Aさんだけが解雇されるのは不公平である――。

これが組合側の反対理由でした。

仲裁人は、Aさんが酒を飲んだのは就業時間外だったこと、つまり車の運転は会社の延長とは認めませんでした。また度を超した飲酒は良くないことだが、5日間刑務所に入ったことでその償いは済んだと認め、Aさんの解雇は不当であると判断し、Aさんの職場復帰と、仲裁判断が出るまでの期間未払いだった給料の支払いを会社に命じたのです。

労働仲裁の判断では、誤って停職・解雇された社員に、企業がその期間の給料をさかのぼって支払うことを申し渡されることはあっても、多額の損害賠償を言い渡されることはめったにありません。もし仲裁で下された判断に不服のときは、裁判に控訴する道もあります。しかし再審要請の理由は、内容に対する単なる個人的不満だけでは不十分で、それなりの理由がなくては裁判所は取り上げてくれません。

その理由としては次の3点があげられます。①仲裁人が当事者の双方または一方と特別な利害関係があるにもかかわらず、それを当事者に伝えることを怠った場合、②仲裁人がその権限で許される以上の仲裁判断を行った場合、③契約書の中の仲裁条項の解釈が間違っていた場合です。これは、もし判断に不服だというだけの理由で簡単に控訴できるとしたら、仲裁の判断が持っている法的拘束力が意味のないものになってしまうからです。

このように、仲裁の中でも社会的にその存在が認められ、最も権威があるのが労使問題を裁く労働仲裁です。

労働仲裁は、連邦政府が40年代にスト対策として、労使間の話し合い促進のために、社内仲裁制度を持つことを企業に熱心に進めた時期があり、そうした政府の努力の結果、現在ではアメリカの職場に行き渡っています。仲裁を労務管理の中に取り入れた企業は、パネルと呼ばれるその企業専門の仲裁人のリストを作り、トラブルが起こるとパネルの中の仲裁人に連絡をとり、事の正否と対応する方法を決めてもらうのです。

労働仲裁で裁かれる内容としては、組合と会社との間で取り交わされた就業規則の解釈の仕方、つまりライト・アービトレーションがほとんどを占めます。この規則書の解釈という行為が労働仲裁の神髄であり、当事者の利害（損害賠償額など）が論争の的となりがちな他のＡＤＲと大きく異なる点でしょう。

しかし、時には就業規則の解釈などとは掛け離れた、次のような例もあります。それは公共団体に勤める若い女性をめぐっての仲裁でした。

彼女は遅刻や無断欠勤が多く、勤務状態がはなはだ悪かったので解雇されました。上司に反抗的な態度をとるわけではないのですが、やる気がなく、周囲の人も彼女を当てには

仲裁を要求した教員スト

できない状態でした。こうした状態が続いたため、その女性はあちこちの事務所を数年間たらい回しにされた末、結局どこの事務所も彼女はいらないと言い出したのです。

しかし公共団体であるため、一度雇った職員をクビにするということは、そう簡単にできることではありません。組合は理由不十分を盾に、頑強に解雇に反対しました。

そこで裁決は仲裁に任せられたのです。状況から判断して彼女の解雇は避けられないものでしたし、仲裁人の判断も解雇と下されたのです。

セクハラも仲裁で

セクハラは1986年、最高裁が出した「メリトー銀行事件」の判決によって一躍有名になりました。

この事件は、メリトー銀行の男女行員が争ったことから、一般に「メリトー裁判」として知られています。当時支店長補佐という地位にいた女性行員が、やはり当時副社長だった男性と銀行を相手どって訴訟を起こしたこのメリトー裁判こそ、アメリカでセクハラを人々に知らしめた、米国労務管理史上実に重要な裁判なのです。

女性行員の申し立てによると、男性は一度職場で彼女をレイプしたほか、数年間にわたって合計40～50回ほど社外で性行為を強要し、また他の行員の前で彼女にさわることなど日常茶飯事だったという、まるで映画のような内容でした。ついに我慢できなくなった女性が関係を拒否すると、男性は、仕返しとして彼女を解雇したのです。しかもその女性から苦情を持ち込まれた銀行の重役は、男性の言葉だけを信じ、彼女を解雇することを支持したそうです。

裁判は女性の完全な勝利に終わりましたが、この裁判を通じて合衆国最高裁は、セクハラの被害者を守るために、次のような3つの指針を打ち出したのです。
①セクハラは公民権法違反であり、従って原告は損害賠償を請求する権利がある。
②被害者の精神的苦痛を認めたこと。つまり女性が不快と思ったら、セクハラはそれだけで成立し、それまで必要とされていた昇進、昇給などの約束事を記した証拠の提出は必ずしも必要でなくなった。

③企業は社員が気持ちよく働ける職場環境の維持に責任がある。

セクハラがこのメリトー裁判を通じて知られるようになったためか、つい最近まで、セクハラは仲裁ではなく裁判で裁かれることが多かったのです。

被害者の女性が仲裁を避けた理由として考えられるのは、仲裁では損害賠償が取りにくいうえ、会社の上司をはじめ仲裁の関係者は圧倒的に男性が多いので、男性優位の環境で女性として孤立するのを恐れたということが考えられます。また労働仲裁は経営者と社員の意見の不一致を裁くことが目的で、社員対社員の争いになるセクハラには適さないとみなされていたことも、セクハラ仲裁が少なかった理由のひとつでした。

しかし最近では、女性のデリケートな気持ちを察して、セクハラのケースは、男女1組の仲裁人によって裁かれるようになってきました。

現在、仲裁人として活躍しているのはほとんど男性ですが、彼らもセクハラは断じて許されるべきではなく、仲裁でも軽々しく扱われるべきではない、という態度を明確に打ち出しています。セクハラを数多く扱っているある女性の仲裁人は、「被害者は、相手を社会的に罰したり賠償金を手に入れることではなく、できたら仕事を続けたまま、内密にセクハラをストップさせたいと願っている。その点秘密保持の強い仲裁の良さが認められ、近ごろセクハラ仲裁は急速に増えている」と語っています。

ひと口にセクハラといってもその内容はさまざまで、男性の行為そのものは同じようでも、仲裁の判断の内容は全然違う、ということもしばしば見られます。それは仲裁人がセクハラの行為そのものより、それが起こった状況や被害者の精神的苦痛の度合を重視するためです。またセクハラでは、非難された男性が、たとえその罪が実証されなくても、社会的に大きな打撃を受けることを考慮に入れ、仲裁の判断はより慎重に行われるという半面もあるのです。

例えばフロリダでは、同僚の女子工員に淫らな言葉を浴びせたのが原因で、ある男性が解雇されたのですが、同じころに起こったオハイオのスーパーマーケットのケースでは、女性用ロッカーを覗いていた男性は、とがめられはしても解雇はまぬがれ、処分は仲裁期間中の停職というものでした。

このように違った判断が出た理由は、2人の女性が受けた精神的苦痛に大きな差があったからです。フロリダのケースは男女とも電気部品工場で働いており、仲裁人は、緊張して危険な機械作業に従事していた女性が悪質な言動に動揺した事実を重視し、反対にオハイオの職場では、普段からきわどい冗談が交わされており、男性の行為は行き過ぎだが与えた苦痛は少ない、と判断したからです。

仲裁人がセクハラを裁くとき、判断の目安として使われる事実は3点あります。それは加害者の執拗さ、苦情申し立てのタイミング、そしてセクハラの起こった場所です。

執拗さ、つまり男性がどの程度しつこく迫ったのかは、女性の精神的苦痛を測るうえで大切な要素です。かといって、仲裁人が女性の言葉だけを鵜呑みにすることはなく、男性に迫られたとき、女性が相手に対し「不快だ」とはっきり伝えたのかどうかも考慮の対象となります。

次にタイミングですが、それは苦情の信憑性を測るうえで必要です。原則として、被害者はセクハラを受けたと思った時点で、社内の適当な人に申し出るべきです。はじめは恋人としては仲良くしていた女性が、恋が終わって捨てられたと思った途端、同僚の男性をセクハラで訴えるケースも出てきたため、セクハラを仕返しの手段にしてはならないという配慮からです。

セクハラが起こった場所も重要な判断材料で、もし社外で起こったのなら、女性はなぜそこへ行ったのか、仲裁人が納得できる理由をあげられなくてはなりません。

仲裁では男性の立場も考慮に入れられると言いましたが、それでもセクハラは状況によっては厳しく罰せられます。その例としてあげられるのが、被害者には直接手をかけていないだけでなく、淫らな言葉を使ったわけではないのに、解雇された運転手のケースです。

10代の女子学生は、ある日、バスに残った最後の乗客でした。夕方で辺りはすでに暗くなっていました。問題の運転手はバスをバス停でもない場所に止めると、彼女をバックミラーからじっと見つめ始めたのです。やがて彼は立ち上がり、彼女の席の近くへ来て座りました。

起こったことはこれだけです。しかし市当局は、運転手をセクハラで解雇しました。彼は処分を不満として仲裁を申し込みましたが、仲裁人も女子学生が味わった精神的苦痛を認め、解雇を認めたのです。

ミニ・トライアル

疑似裁判ともいうべきミニ・トライアルは、企業間の契約や特許などが絡んだ紛争を解決するのによく利用されています。

ミニ・トライアルでは、対立する企業の重役が陪審員のように集まり、その前で双方の弁護士が弁論を行います。そしてトラブルを理解するのに必要な専門知識や経験のある、紛争には全く関係のない第三者が、裁判長のような立場から議事を進行させるのです。ただし第三者は、あくまで補助的な意見を述べる程度にとどまっているのが普通です。必要なら証拠の提出や証人の喚問も行われますが、判断は法的拘束力を持たず、また陪審員も呼ばれません。弁護士同士の質疑応答も、すべて時間を限って実施されるのが特徴です。

このような実施方法からも察せられるように、ミニ・トライアルの目的は事件の判断を下すことではなく、企業の重役たちに、実際に裁判が行われた場合、どのような結果が出るかを予測させるための材料を与えることにあります。さらにミニ・トライアルで得た材料を検討することにより、示談のための話し合いを受け入れる気持ちにさせることが狙いです。

弁護士による弁論が終わると、両サイドの代表者が本物の裁判にいくか、あるいは和解するかを決めます。つまりミニ・トライアルの成否は、2組の弁護士がその弁論を通じて、重役たちにトラブルの全容をどれほど正確に、しかもはっきり伝えられるかにかかっているので、準備も実際の裁判と同じように実に念入りに行われます。念入りに準備するということは、半面、もしミニ・トライアルが失敗して本物の裁判になった場合、こちらの手の内を相手に見せてしまうという不安もあるわけで、それだからこそ和解に対する熱意が増加されるとも考えられます

通常、ミニ・トライアルの前には、手順や規則について両者の間で合意書が交わされ、その中で、ミニ・トライアル中に出された意見はすべて秘密として扱われること、もし本

物の裁判になった場合でも、出された意見は証拠として提出しないことなどが約束されます。このような合意書の作成は、他のADRでも行われています。

またミニ・トライアルに出席する企業の代表者は、その企業の重役の中からトラブルに直接関係していない人が選ばれ、会社の代表として交渉する権限を委任されていなければなりません。

ミニ・トライアルの母体となった交渉が初めて行われたのは、オーストラリアです。事件は、テレクレジットとTRWという電気技術会社2社が、特許権の侵害を理由に600万ドルの損害賠償をめぐって争われたものです。

1974年にテレクレジットが特許権侵害でTRWを訴えてから2年半の間に、両社で証拠収集のために使われた費用は50万ドルにも達しました。それにもかかわらず、裁判の準備は整わなかったのです。あまりの額の大きさに驚いた2社は、苦肉の策として、特許についての知識が深い引退した判事に意見を求めることにしました。両社の主張を詳しくまとめた文書が前もって判事に送られ、裁判より簡単ではありますが、証拠の発見や証人のインタビューなども行われました。

ミニ・トライアルの当日には、元判事の前で、お互いに特許権が犯されたと信じる理由、あるいは犯されていないと信じる理由などを、それぞれ4時間ずつ主張し合ったのです。その後1時間半ずつ双方に反論する機会が与えられ、さらにもう1時間の意見交換がありました。2日間にわたる協議によって、お互いの立場を十分理解し合えた両社の重役たちは、ミニ・トライアルの直後、和解交渉に入ったそうです。

テレクレジットとTRW社の例からも分かるように、ミニ・トライアルは企業間の揉め事でも、特に複雑で解決に特殊な専門知識を要するケースの処理に向いています。こうしたケースは、裁判の準備に莫大な費用と時間がかかるばかりでなく、たとえ裁判になっても裁判官や陪審員が問題の核心をよく把握できないため、判断ミスを犯す恐れがあるからです。

また企業間の対立は、お互いに財政的ゆとりがあるせいか、つい両者が強気になって泥沼化することが多いものです。その点ミニ・トライアルを行うと、相手の立場が良く分かり、心理的に示談を受け入れやすくなり、泥沼化を未然に防ぐことができるのです。

プライベート・ジャッジ

やはり疑似裁判のひとつで、争っている双方が裁判所の許可を得て、中立な第三者の前で簡単な弁論を行い、裁決を受ける手段です。

ミニ・トライアルに似ていますが、プライベート・ジャッジという名称が示すように、退官した元判事が呼ばれ裁判長の役目を果たします。しかし、いさかいの内容によっては、判事でなくその道の専門家を招くこともあります。弁論は弁護士が行いますが、陪審員は呼ばれません。判断はもちろん法的拘束力はなく、判断に不満があれば普通の裁判に訴えることができます。

ミニ・トライアルと異なるのは、プライベート・ジャッジでは、裁判官が既に訴えが起こされたケースの中から、裁判の前にこのADRを使って解決を試みる旨を申しつけることが多いことです。

サマリー・ジュリー・トライアル

1984年にミシガン州で、ある薬品会社が発ガン性のある化学薬品を垂れ流し、飲料水を汚染したという理由で、6世帯、合計29人から訴えられました。

訴訟手続きが行われてから約3年間、証拠収集に原告側が75万ドル、被告側が250万ドルをつぎ込みました。しかし薬品の発ガン性は認められても、実際にどれほどの量がガンの発生を促すかを明白に示したデータがなく、その点をめぐり、医者、科学者など多くの専門家の証言が必要になりました。そのための訴訟費は一体どのくらいかかるのか、準備の時間はどれだけ必要なのかという見当もつかないまま、裁判が泥沼化する気配を憂慮した担当判事は、原告の中から最も平均的な1世帯を選び、モデル裁判を行うことを提案したのです。

そのモデル裁判では、2人の陪審員の前で、原告と被告の弁護士がそれぞれ6時間ずつ弁論を行い、証人は出廷せずに、彼らの証言をビデオに納めて陪審員に見せることになりました。弁論の後、2人の陪審員はそれぞれ、「被告は原告一家に280万ドル支払う」、

「被告は原告に損害賠償の義務があることを認める」という判断を下しました。

モデル判断を受けた後、企業と被害者6家族は合同協議に入り、その結果、被告は原告6家族に350万ドルずつ支払うことで和解したのです。

このケースは、サマリー・ジュリー・トライアル（即席陪審員裁判）の好例です。

サマリー・ジュリー・トライアルでは、それぞれの弁護士が裁判長ではなく陪審員の前で論戦を繰り広げ、判断を受けます。判断が出された後、弁護士は陪審員に判断の根拠や感想を尋ねることができます。陪審員は、普通の裁判に使われる陪審員名簿の中から選ばれますが、その数は一定ではありません。

このADRはミニ・トライアルと非常に似ていますが、実施形態はミニ・トライアルより少し形式ばっています。ですから証拠の提出だけでなく証人の喚問も行われ、もしそれが失敗に終わった場合でも、本物の裁判で証拠と証言を使うこともできるのです。しかし、陪審員の出す判断は拘束力を持ちません。迅速な解決のために、実施の前に所要時間や詳しい手順と規則を決める点では他のADRと似ています。

サマリー・ジュリー・トライアルは、紛争の当事者のうち一方が示談を希望しているにもかかわらず、他方が裁判を主張するようなケースの解決に向いており、裁判所の判事が、既に訴えが起こされたケースに、このＡＤＲを試みることを勧める場合が多いのです。

ファクト・ファインディング

ファクト・ファインディングは、文字どおり「事実を探し出すこと」が目的のＡＤＲです。問題が発生した後、その原因を調べるための調査人やグループを組織して送り出すので、このように呼ばれています。一般には調査という言葉で表され、ＡＤＲよりもっと広い意味で使われることも多く、調停に次いで私たちになじみの深い方法といえます。

ファクト・ファインディングの例としては、大きなものでは国際紛争や大事故の原因究明のために政府が組織する特別調査委員会から、身近な例では、企業が営業不振の原因を探るために重役を現地に出張させる、というようなことまで含まれます。最近では、セクハラの事実を調べるときにもファクト・ファインディングは積極的に利用されています。

調査の結果は報告書にまとめられるのが普通ですが、報告書の中で、ファクト・ファインディングのグループからトラブルの解決策が提示されるかどうかは、それぞれのケースによって異なります。セクハラのファクト・ファインディングでは、調査結果は調停や仲裁といった次の段階の判断の材料として使われています。

ミーダブ

ＡＤＲの中で最も多用されているのが仲裁と調停ですが、興味深いことに、最近このふたつのシステムが個別ではなく、同時に利用されるケースが増えてきました。ミーダブと呼ばれ、調停と仲裁の両方の良さを取り合わせてでき上がったハイブリッドです。

調停の良さは、もう何度も書きましたが、当事者が直接心を開いて話し合えることです。しかし調停は、その和解内容が法的拘束力を持たないという弱みがあります。反対に仲裁では、協議を行うのは主に弁護士で、当事者同士は調停ほど突っ込んだ話し合いはできないというきらいがあります。

ところがミーダブを使うと、調停で当事者同士が協議し、そのうえで成立した和解に、仲裁で拘束力を与えることができるので、結果として、その遵守が保証されることになります。

また大規模商業紛争の調停では、裁判は避けたいと思っても、損害賠償の内容が複雑すぎるとか、その額が多すぎることなどが原因で、いくら突っ込んだ話し合いをしても、和解内容の詳細がどうしてもまとまらないことがしばしばあります。こういう場合でも、ミーダブを導入することによって、仲裁人が私設判事のような立場から強制力のある最終判断を与え、問題を解決することができるのです。

オンブズマン

オンブズマンの概念は、今から200年ほど前に、地域社会の対話を円滑にするという目的で、スウェーデンで生まれました。

米国のオンブズマンは、短く〝オンブズ〟とか〝オム〟とか呼ばれており、その制度は約１８０年の歴史があります。

オンブズマン制度は主に新聞社、企業、政府機関、大学などを中心に利用されています。特に大学では、女子学生と教授の恋愛関係、成績に不満を持つ学生と教授のトラブル、教授同士の争い事などを解決するために、オンブズマンはなくてはならない存在です。

私の知人は、インディアナ州の大学で教えています。インディアナには白人や黒人ばかりでなくアメリカインディアンの子孫も多く住んでいるので、大学生の間でも、人種の違いが原因のトラブルが大変多いそうです。

80年代に入ってオンブズマン制度は、アメリカの兵器製造企業を中心に民間企業にも広がりました。それは、70年代から、連邦政府役人に対する企業からの賄賂《わいろ》が相次いで摘発されたことが原因となっています。

１９８５年、ロックフェラー財閥の筆頭であるデイビッド・ロックフェラーが委員長を務める調査委員会は、汚職を防ぐために政府だけでなく企業も、組織全体のモラルを上げる責任がある、という結論を出しました。勧告に基づいて連邦政府は、もしオンブズマンのいない企業の重役が汚職で捕まった場合、オンブズマンがいる企業の重役より厳しく罰せられる、という方針を打ち出したのです。

現在、全米でオンブズマン制度を持っている政府請負企業は43を数えます。ある巨大企業は、1986年にオンブズマン制度を取り入れてから、その充実に現在も真剣に取り組んでいるそうです。オンブズマンのオフィスに料金受取人払いの電話を備え、全米全土どこからでも、社員が本社のオンブズマンに直接電話できるようになっているのも、そうした努力の一例でしょう。電話で受ける苦情は年に約1000件で、そのうち重要なトラブルとしてオンブズマンが取り上げるのは300件程度ということです。

オンブズマンは話し合いで解決を図る点で調停に似ていますが、通常、調停はトラブルが深刻化してから行われるのに対して、オンブズマンはトラブルを早めに解決することに重点をおきます。苦情を受けた時点ですぐ事情調査を行い、また、事情調査の後、事態の解決案や改善案を提出し、その実施を見届けることもオンブズマンの責任です。ここが、裁決を下した時点で職務が完了する仲裁や調停と違うところです。また改善案としてそれが適当なら、仲裁や調停を行うことを勧告することもあります。

しかしオンブズマンが企業内で働くということは、活動に制約を受けやすいということであり、オンブズマンが十分に活躍できるか否かは、企業の経営者の考え方によって左右されます。

早期解決が本領ですが、アメリカのオンブズマンのザゴリアは、著書の中で、解決までに何と40年もかかった珍しいケースを紹介しています。それは、カナダのオンブズマン、ダニエル・ヒルが、労働者傷害保険団体に対し1984年、40年前に仕事中の事故で片目を失った樵夫《きこり》に保険金の支払いを命じているケースです。

彼の事故は1944年に起こりましたが、その直後、雇い主が保険に加入していないという思いがけない知らせを聞き、保険金の申請をしませんでした。ところが37年後、実は雇い主が保険に加入していたと思われる事実をつかんだ樵夫は、オンブズマンに相談したのです。

ヒルの調査で、確かに雇い主は保険に入っていたことが明らかになり、彼は事故に対する保険金の支払いを申請したのです。申請してから3年後、67歳の樵夫は、やっと保険金を手に入れました。

1件で4種の組み合わせ

次にADRを利用して解決された大規模な商業訴訟ケースを紹介し、ADRが現実にどのような形で実施されているかを描いてみます。このケースは、裁判になったら最低6~8年はかかると思われたものですが、4種類のADRシステムを有効に使うことによって、短時間でしかも円満に解決に導かれた例として専門誌にも発表され、関係者の注目を浴びています。

私は発表された原稿を読んだ後、ケースを扱った調停・仲裁の専門家、ジョナサン・リーボウィッツへのインタビューを行いました。インタビューの中で彼は、4種類のシステムを同時に使うことは最初から計画されていたわけではなく、紛争の当事者たちが和解のために、より良い方法を探った結果、話し合いの中から自然に発生、発展したものであることを強調しました。

ニューヨーク在住のリーボウィッツは1992年6月、米国仲裁協会から調停のケースを1件依頼されました。指示された調停の手順は、協会の商業調停規則に基づいて、ニューヨークにある協会の会議室で2日間行われるという簡単なものでした。紛争当事者から協会に出された唯一の要望は、調停者は弁護士あるいは法律の知識を有すること、でした。

ところが調停手順のシンプルさに反して、ケースの内容は、ニューヨーク連邦裁判所、ニューヨーク地方裁判所、カリフォルニア地方裁判所に提出された3件の訴訟を抱える複雑なものだったのです。

紛争の発端は、あるカリフォルニアのアパレルメーカーのニューヨーク代理店が、アパレルメーカーと重役2人を相手どり、代理店重役の不正解雇、代理店契約の不正破棄、契約不履行、独占禁止法違反、労働法違反などを理由に、ニューヨークで起こした2件の訴訟でした。代理店は、損害賠償、訴訟費、弁護士料、精神的苦痛に対する慰謝料として、総額4200万ドルを要求していました。訴えられたアパレルメーカーもそれに対抗して、代理店をカリフォルニアで訴え、同じような要求を出していました。

商業訴訟の場合、双方が財政的に豊かなことが多く、訴えられれば訴え返し、訴訟件数がいたずらに増えてしまうという傾向があります。

ところがアパレルメーカーはその後倒産し、破産法第7条（チャプター7）によって、その資産はカリフォルニア州の財産管理人の管理下に置かれてしまったのです。そのため、それでなくても複雑なケースは、ますます難しくなってきました。当事者もケースの複雑さを知っていて、調停にあまり期待していなかったのでしょうか、訴訟は取り下げずにそのまま続けるということでした。

◆１日目

朝9時、アパレル会社と代理店の重役、それぞれの弁護士、カリフォルニア州の保険会社の弁護士、それにリーボウィッツの12人が、会議室のテーブルの前に座りました。保険会社の代表者が出席したのは、アパレル会社が事業の損害保険をかけていたからです。

まずリーボウィッツが双方の弁護士から紛争のあらましを聴き、その後、当事者がそれぞれの要求を述べました。

話し合いの初期は、当事者はとかく自分の感情を抑えきれず、誰でも話し始めると止まらなくなるものですが、このケースの場合、厳しい時間制限があり、無駄なおしゃべりで大切な時間を浪費することは許されませんでした。何しろ2日間で3件の訴訟を和解させなければならないのです。

リーボウィッツは各自の主張が本題から脱線しないように、また簡潔で要領を得たものであるように、注意深く会議をリードしていきました。人間は言いたいことを全部言ってしまうと、不思議に相手に対する怒りが冷めてくるものです。そうして当事者たちの心に相手の言い分を聴く余裕が出てくるのを、調停者は辛抱強く待つのです。

機が熟したところで、リーボウィッツは人々を別室に引き取らせ、コーカスに入りました。双方の要求項目のひとつひとつについて、なぜ要求が正当なものと考えるのかを尋ね、妥協の余地を探ります。そして両者の要求の調整をするために、それぞれの間を行ったり来たりしてシャトル調整を行いました。調停者と各当事者との間で交わされる会話はすべて極秘で、当事者の承諾なしには、調停者は交渉の相手側に話の内容を漏らすことは許されません。

そうこうするうちに、代理店の要求額が4200万ドルから1700万ドルまで減少し、そこで第1日目が終わったのです。5時をはるかに過ぎていました。

◆2日目

2日目も同じようなシャトル調整で始まりました。12時ごろには要求額の差はだいぶ狭まってきたものの、合意からはまだまだ遠いものでした。時間のプレッシャーを感じた参加者は、もう少し和解に対して積極性のある方法をとる必要性を感じました。交渉を進展させるには、相手の要求をはっきり知らなければなりません。そこでリーボウィッツに、個別交渉の内容を明かし、調停者としての意見を述べるよう求めてきました。

こうして、ごく自然に話し合いのプロセスは、調停からファクト・ファインディングへ移ったのです。ファクト・ファインディングでは、感情や問題が起こった経過などではなく、解決の障害となっている事柄だけを話すことを求められるので、調停に比べ、より突っ込んだ交渉が可能になるのです。既に両者とも相手に対する不満は言い尽くしたということで、ファクト・ファインディングの下地はできていました。

ファクト・ファインディングの結果、両者それぞれが、それまで話し合った内容を吟味し直し、もう一度お互いの要求をまとめ、相手側に提示することになりました。そして人々は個室から会議室に戻り、テーブルを挟んでの話し合いがまた始まったのです。

この時点から、それまで自分の意見を述べるのを極力控えて聞き役に徹していたリーボウィッツが、積極的に話し合いに参加するようになりました。協会のミニ・トライアルのルールにのっとり、裁判長のような立場から、妥当と思われる賠償額を提示したり、アドバイスを与えたり、和解に向かって強く人々の後押しをするようになったのです。

午後になると、両者の間に心のしこりがすっかりなくなっているのが感じられました。前日には口もききたくないという様子だった人々が、向かい合って熱心に交渉し合っています。誰もが話し合いの進展を意識し、費やした時間とエネルギーを考え、できたらその日のうちに合意に達したいと強く願っていました。カリフォルニアからの代表者にとって、和解しないままニューヨークを去ることは、もう不可能だったのです。

アパレル会社と代理店の代表者たちは、調停で相手の不満を聴き、ファクト・ファインディングで相手の要求を知り、さらにミニ・トライアルで、自分たちの要求が実際の裁判でどの程度通じるのかを教えられました。

もう4時近くになっていました。朝から昼休みも休憩もなく会議室に閉じこもって交渉を続けたため、全員疲れきっていました。しかし全員の協調ムードと和解への熱意は高く、ミニ・トライアルを仲裁に変えて、リーボウィッツに法的拘束力のある裁定を仰ぎ、問題を一挙にその場で解決してしまおうという意見が出てきました。即座にリーボウィッツは協会に連絡をし、仲裁のために必要な手続きを取ったのです。

しかし、正式な仲裁を行うには、あまりにも時間がありませんでした。あったとしても、2日間の討論ですべて言い尽くした人々は、もう一度同じことを繰り返す気にはとてもならなかったでしょう。とはいっても、仲裁の判断が最終であり、法的拘束力を持つ点を考慮すると、当事者双方の言い分は公平に仲裁人に伝わっていなければならないし、また当事者は、公平に伝わっていることを事実として確かめる必要がありました。その点を無視したら仲裁にはなりません。

こうしたことから、両者が仲裁人の前でお互いの立場を最後にもう一度伝え合い、質疑応答を行うことに決まりました。ところが質疑応答となると、今度は証拠と証言の提出が必要になり、時間がかかり過ぎてしまいます。そこで時間節約策として、それまで話し合った内容をすべて仲裁の証言として扱うことが考え出され、各自が交渉の間に取ったメモやノートを提出することが合意されました。もちろんリーボウィッツ自身も、彼のノートを提出しました。

時間のほかにも問題がありました。賠償額の決め方です。損害賠償を目的とした仲裁の場合、通常使われる方法は3種類あります。

①証言と証拠に基づいて、仲裁人が単独でその額を決める。

②当事者双方が最終額を出し合い、仲裁人が最も妥当と思われるひとつを選び、決定とする。

③当事者が額の上限と下限を決め、その範囲内で仲裁人が最終額を提示する。

しかし仲裁では、各ケースごとに、当事者がそのケースに最適と思われる裁決方法を考え出して活用することが許されており、必ずしも前記の3つの方法からのみ選ぶ必要はありません。

そこで本ケースで用いられた方法は、アパレル会社側と代理店側と仲裁人が、最も妥当と思われる額を書いた紙を伏せてテーブルに置き、次に仲裁人が双方から出された数字を読み上げ、仲裁人の数字に近いほうを最終額と見なす、という決め方でした。和解額についてリーボウィッツの意見が必要だったのは、和解すること自体は決まったものの、その額については双方に大きな隔たりがあり、とてもその日のうちにまとまりそうには思えなかったからです。

決定に入る前に、リーボウィッツが仲裁人として妥当と考える額を双方に伝え、当事者たちは、その額を基に自分たちが適当と思う額を計算しました。その結果、最終額は75万ドルに決定されました。正式な仲裁判断文はその夜リーボウィッツが書き、翌朝ファクスで送られることになりました。

こうして、解決まではかなりの年月がかかると思われた訴訟が、2日間の缶詰め交渉の結果、円満に解決され、人々は満足してカリフォルニア行きの夜行便に乗りました。

複雑化する社会を救う

コンピュータ、ジェット機、テレビやファクスといった現代技術の発展は、アメリカ国内だけでなく、地球全体を狭くしています。半面、技術発展は現代の社会を複雑にし、その結果私たちの周囲に、裁判で解決しようにも解決できないトラブル、あるいは解決してもあまり意味のない揉め事が溢れ出ています。

例えば、工事現場の大事故やビル火災がひとりの担当者の不注意で発生し、多くの被害者を出した場合など、その人を裁き刑務所に送ったところで、問題の本当の解決にはなりません。飛行機の墜落事故も同様です。やらなければならないことは、被害者の遺族が保険会社や事故を起こした企業と賠償について話し合うことで、それなら訴訟より調停のほうが向いているのは明白です。

1992年9月に、ハリケーン、アンドリューがフロリダ州を襲い大被害をもたらしたとき、保険会社は賠償金に不満のある被災者との交渉に調停を導入し、早期解決を図ったことはよく知られています。

大規模な環境汚染の処理とか、野生動物保護をめぐっての自然保護団体と開発会社の対立など、エコロジー関係のトラブル処理も調停が適している分野です。記録によると、エコロジー調停は70年代から少しずつ始まり、77年までの7年間に9件行われました。ところが78年には18件、79年には36件、そして84年には160件が行われ、この分野での調停が確実に伸びていることを示しています。

エコロジーの調停は規模も大きく、その他の調停に比べてずっと時間がかかるのが常ですが、それでも裁判より短時間なことは確かです。バージニア州のジョージ・ワシントン国立公園の土地利用に関して、利害関係者と政府・市民代表との話し合いは、8年間の交渉で何の進展もなく行き詰まっていましたが、調停に持ち込んだところ、1年半で和解が成立しました。

最近、世界の各地で頻繁に発生したオイル垂れ流し事件も、調停に向いているトラブルといえます。オイルの垂れ流しは、環境汚染問題を誘発するため、人々がエコロジーに敏感になった今日、ひと度事件が起こると、大社会問題に拡大する可能性があります。

特にオイルが外国の領海で流れ出た場合、その複雑さは言葉では表せないほどです。まず過失を裁く法律が違っていますし、環境に対する両国民の意識にも差があります。一体どちらの国の法律に従って、賠償額や賠償方法、汚染された海の洗浄方法を決めれば良いのでしょうか。また両国民のエコロジー意識は、どのように反映されるのが望ましいのでしょうか。そうした条件をすべて決め、実際に裁判が始まるまで、一体どのくらいの日数がかかるのでしょう。たとえ裁判が始まっても、今度はそれが終わるまでに何年かかるか見当もつきません。

ある石油会社所有の石油タンカーが、１９９０年にニューヨーク州とニュージャージー州に挟まれたハドソン河下流でオイル垂れ流し事件を起こしました。その際、ニュージャージー州はニューヨーク州に、その後始末は裁判でなく調停で決めることを働きかけたのです。

調停は石油会社とふたつの州政府、それにニューヨーク市、エリザベス市の5者が代表者を送って行われました。もし裁判に持ち込まれた場合、解決するまでにおよそ10年はかかると見込まれた環境汚染事件は、6カ月の調停で和解されたのです。

このような国境を超えた地球規模の問題は、ますます頻繁に起こるようになりました。こうなると解決までに何年も費やす裁判には頼っていられません。少しでも早く、少しでもわだかまりを残さずウイン－ウイン・リソルーションに至るためには、ADRをもっと活用すべきではないでしょうか。

日米関係もインターナショナルな調停者を挟んでよく話し合ってみれば、もっとスムーズになると確信しています。

終わりに

ブルックリン・センターでのトレーニングの最後の日、講師の方が、「調停は人のためになるだけでなく、調停者も成長させます。これからは、自分の成長を見つめる楽しさを味わいながら調停をするように」と言われました。調停を始めてから日も浅く、果たして私が成長したのかどうかは、まだ疑問です。

ちょうど1カ月ほど前、新調停者に対するアンケートが行われました。その中に、調停をやって成長したと思うか、という質問がありました。私と一緒にトレーニングを受けた同僚に尋ねると、彼女は当然という調子で、「私は、前にうまくできなかったことがスムーズにいくようになると、それがどんなことでも成長したと思うことにしているの」という返事でした。それなら私だって、調停を始めるときの挨拶が随分うまくできるようになっています。私は答えの「イエス」の欄に黒ぐろと印を入れたのです。

世の中には、他人を助け、他人のために尽くすことを目的とする職業は少なくはありません。しかし他人の役に立ち、なおかつ完全に公正であることが要求される職業となると、その数はそれほど多くはないでしょう。そのうえ、それを実行する人も成長させるとなると、なかなか見つかるものではありません。調停はこうした数少ない職業のひとつです。

政府から禄を食む裁判官と違い、個人で働く調停者には職業の保障はありません。企業にも政府にも頼らない分、職業としての独立性がより強く保たれていますが、反対に少しでも偏った調停をすれば、次の仕事は来なくなるという危険があります。1件1件丁寧に吟味し、良心に従って調停する以外、成功する方法はないのです。それがまた、この職業の素晴らしさともいえましょう。

その素晴らしい職業について書き始めてから1年が過ぎ、やっと形にすることができました。私が調停を通じて成長したことを実感するには、もう少し時間がかかるような気がします。それでもこの本を何とかまとめることができたのは、やはりうれしい成果です。本書を書いたことで、日本でも調停の賛同者がひとりでも増えることを祈ってやみません。

今回の執筆に当たり、インタビューに気持ちよく応じてくださった仲裁人、調停者、弁護士の皆様、そして親切に資料集めを手伝ってくださった米国仲裁協会図書館と機関誌の編集室の方々、そして見ず知らずの私に資料を転載する許可を与えてくださった研究者の方々に、この場を借りてあらためて感謝申し上げます。また、時折電話をかけてきて励ましてくださった黒田朱実さん、そして何より、本来秘密であるべき調停のケースを、例証として発表することを許してくださったブルックリン・センター所長のロバーツさんには、本の完成まで数えきれないほどのご助力とアドバイスをいただきました。

アメリカ人は頑固で自己主張が強いばかりでなく、目的を持って行動する人には援助を惜しまない心の広い人たちであることが分かったのも、嬉しい発見でした。心から皆様にお礼申し上げます。

1994年12月

レビン　久子

■参考文献

"Dispute and Conflict Resolution in Plymouth County, Massachusetts, 1725-1825" by William E. Nelson (The University of North Carolina Press)

"Mediate, Don't Litigate" by Peter Lovenheim (McGraw-Hill Publishing Company)

"The Ombudsman" by Sam Zagoria (Seven Locks Press)

"Before You Sue" by Fletcher Knebel and Gerald S. Clay (William Morrow and Company, Inc.)

"On and Off the Record: Colosi on Negotiation" by Thomas R. Colosi (American Arbitration Association)

"Alliances & Coalitions" by Edward Levin and R. V. Denenberg (McGraw-Hill Book Company)

"Levin's Laws" by Edward Levin (M. Evans and Company, Inc.)

"Negotiating Tactics: Bargain Your Way to Winning" by Edward Levin (Fawcett Columbine Books)

"Witnesses in Arbitration" by Edward Levin and Donald Grody (The Bureau of National Affairs, Inc.)

"The Colorado Lawyer" May 1989, Vol.18, No.5 (Colorado Bar Association)

"The New York Mediator" Newsletter, Spring/Summer, 1993 (Community Dispute Resolution Centers Program, Unified Court System of the State of New Youk)

"Arbitration Journal" December 1986, March 1991, Dec. 1991, March, 1992, June 1993 (American Arbitration Association)

"Dispute Resolution Journal" Dec. 1993, March 1994 (American Arbitration Association)

"Victim Services, Project SMART"

"Dispute Resolution Times" Fall 1994 (American Arbitration Association)

"Labor Arbitration in Government" Vol. 23, No. 12, Dec. 1993

レビン　久子（ひさこ）

1948年――群馬県前橋市生まれ

1989年――ニューヨーク大学大学院卒、専攻アメリカ文学

1993年――ロングアイランド大学大学院卒、専攻社会学

職　歴――日本コカ・コーラ株式会社、スカンジナビア航空東京オフィス勤務。

79年より国連人口基金事務次長パーソナル・アシスタント。

94年2月より、調停者としてニューヨーク州立ブルックリン調停センターでボランティアとして調停活動に携わる。

現　在――米国仲裁協会会員

ニューヨーク・ウーマンズ・シティ・クラブ会員

九州大学大学院法学研究院助教授

ブルックリンの調停者〔改装版〕

2002年2月10日　改装版第1刷発行
2006年5月25日　改装版第2刷発行

著作者　レビン久子
発行者　今井　貴
　　　　渡辺左近
発行所　信山社出版
（113-0033）東京都文京区本郷6-2-9-102
TEL 03-3818-1019
FAX 03-3818-0344
印刷/製本　東洋印刷/和田製本

ISBN4-7972-2219-0 C3332